扶志扶智迈向新时代

CHUANGYE JINGYING
CFANGTAN LU

# 创业精英访谈录

《创业精英访谈录》编写组　编

江西科学技术出版社
江西·南昌

**图书在版编目（CIP）数据**

创业精英访谈录／《创业精英访谈录》编写组编. --南昌：江西科学技术出版社，2018.5

（扶志扶智迈向新时代）

ISBN 978-7-5390-6286-0

Ⅰ.①创… Ⅱ.①创… Ⅲ.①农民-创业-经验-中国 Ⅳ.①F323.6

中国版本图书馆 CIP 数据核字（2018）第 060585 号

国际互联网（Internet）地址：http://www.jxkjcbs.com

选题序号：KX2018017

图书代码：B18021-101

**创业精英访谈录** 《创业精英访谈录》编写组 编

**出版发行** 江西科学技术出版社

**社址** 南昌市蓼洲街 2 号附 1 号

邮编：330009 电话：（0791）86623491 86639342（传真）

**印刷** 江西千叶彩印有限公司

**经销** 各地新华书店

**尺寸** 787mm×1092mm 1/16

**字数** 134 千字

**印张** 8

**版次** 2018 年 5 月第 1 版 2018 年 5 月第 1 次印刷

**书号** ISBN 978-7-5390-6286-0

**定价** 20.00 元

赣版权登字-03-2018-79

# 前 言

中央一号文件连续15年聚焦三农，2018年的中央一号文件更是对实施乡村振兴战略提出了全面部署。2012年12月底，习近平总书记在河北省阜平县考察扶贫开发工作时提出："消除贫困、改善民生、实现共同富裕，是社会主义的本质要求。"他强调"扶贫先扶智""治贫先治愚"，以阻止贫困现象代际传承；强调要重视发挥广大基层干部群众的首创精神，让他们的心热起来、行动起来。作为在"三农"领域辛勤耕耘三十多年的《农村百事通》，"心"如何热起来呢？如何响应习总书记关于"扶贫先扶智"的要求呢？思来想去，扶智先扶志，志坚意发力，是扶贫工作"最大限度地调动起当地群众的积极性，变'你来扶贫'为'我要脱贫'，变'要我发展'为'我要发展'"的不二法宝。

这么多年来，全国上下齐行动，在脱贫攻坚中各自谋办法、思良策，为打赢这场"战争"打下了坚实的基础。现在扶贫脱贫工作已经到了最后的冲刺阶段，巩固成果不让贫困代际传播和贫困返潮是解决最终脱贫的战略之举。从中央到地方，各级党委政府在这场攻坚战中出台了不少惠民政策助力扶贫工作向纵深推进。让这些政策深入民心，是老百姓了解扶贫工作、支持和主动参与扶贫工作的的有效路径。同时，为了让老百姓了解脱贫之后如何提高生活质量；如何利用网络平台、移动终端实现不出家门解决买难、卖难问题；如何依法维权与护权，实现在法律框架内保护自己的合法权益不受损害；如何利用农村资源，实现就地取材治小病等，经过系统整理，《农村百事通》推出了《扶志扶智迈向新时代》丛书。希冀通过这套丛书为营造和谐发展、健康生活、理性处理纠纷的乡风文明的新农村、新家庭提供智力支持。

本丛书共由六本组成，它们是《扶贫政策惠民生》《绿色生活新农村》《创业精英访谈录》《农村电商从零开始》《以案说法普法律》《偏方验方保健康》。丛书说政策，详细全面；谈法律，案例生动具体；道访谈，经验可鉴；议电商，零基础起步；聊生活，吹文明新风；言治病，处方安全实用。本丛书既可供扶贫干部参阅，也可供农家书屋配置，还可供普通民众阅读。

《扶志扶智迈向新时代》丛书编写组

2018 年 9 月

# 目录

CONTENTS

## 1 种植

## 2 养殖



## 3 加工

## 综合

# 1

# 种植

# 如何充分利用山地实现油茶种植高效化

——访海亮生态农业油茶科技有限公司总经理　陈礼敬

**编者按:**当前,国家将油茶产业列入保障粮油安全的发展战略,该产业也已经形成了从育苗、栽培到加工、储运、销售各重要环节相互促进的完整产业链,茶油的价格及其附加值也有了较大幅度的提升。应该说,茶油及其副产品的市场前景是越来越好,想充分利用山地资源种油茶的人也越来越多。但如何种好油茶以及在种植过程中要注意什么,却有许多人不太清楚。针对这个问题,记者采访了业内人士,现将采访内容刊登如下,以飨读者。

**记者:**近年来,许多有资金的企业和个人都到农村租用大片山地发展油茶种植。请问,种植油茶对山地有什么要求?

**陈礼敬:**规模化种植油茶最为重要的基础,是一定要选择立地条件良好的土地。具体标准为:林地资源优异,有大面积的低岗地或者荒地,土层深厚,单片面积在500亩以上,能实现封闭式生态管理;地势平缓,可以实现大面积机械化操作,以减少人工投入成本。机械化程度的高低决定了规模化经营的成败与效益好坏,也决定了经营的规模与未来市场的份额的大小;在油茶树投入生产的前期,还应该考虑进行林下套种、套养等,发展林下经济,以冲抵可能较高的土地流转成

本，增加投资收益。现在的生产，一定要讲求规模，生产没有规模就难以发挥现代科技的优势，也难以提高土地利用率和劳动生产率。

**记者**：说到油茶苗的大小时，经常有读者询问：究竟如何测量才是科学的？

**陈礼敬**：油茶苗的大小一般以茶苗地际直径大小来衡量，即指初生苗、扦插苗的苗干基部土痕处的粗度；嫁接苗为接口以上正常粗度处的直径。按照这个方法测出来的数据所描述的苗木大小，就算是科学的。

**记者**：良种要有良法配套，在油茶种植上的良法有什么要求？

**陈礼敬**："良种要有良法配套"这个问题问得特别好。前面谈了良种的问题，显然光有良种，只是有了一个重要的基础，但要实现油茶林的高效，良法配套是千万不可少的。有不少油茶产区的群众习惯于原始的生产方式，视野生油茶为天赐之物，不抚不育。同时由于投入少，比较效益差，大多数林农抱着油茶利薄，营林不如打工的心态，使油茶林长期处于野生、半野生状态，疏于管理，荒芜严重，杂草、灌木丛生，林分结构不合理，疏密不均，通风透光不良，林木生长环境恶化，品种混杂，树龄老化，病虫害和火灾频繁发生，在很大程度上抑制了油茶作为一项特色产业的持续发展。对于此类油茶林，经营者应"因地制宜、因树制宜"地制订出相应的综合改造技术方案，采取油茶林、用材林、薪炭林等多种林分配套，对低产油茶树还要实施高接换种。油茶良种必须有相应的配套管理技术才能获得高产，要加强林地管理、树体管理、平衡施肥等抚育管理措施。在这个方面如果经营者不太懂，就要向专业人士请教或聘请技术顾问指导，以避免进入误区。

油茶产业是一项技术密集型产业，要根据油茶产业发展对技术的需求，安排工作人员参加相关技术培训，系统掌握良种选育、种苗繁育、造林整地、品种配置、合理施肥、去杂除灌、垦复深挖、成林修剪、密林疏伐、防病治虫等实用技术。技术投资不能节省，只有技术过关，才能在生产实践中切实提高油茶经营管理水平。

**记者**：什么叫低产油茶林？有什么划分标准吗？

**陈礼敬**：江西省技术监督局2013年发布的《油茶低产林改造技术规程》有一个明确表述：依据林分低产程度可划分为Ⅰ类林、Ⅱ类林、Ⅲ类林。Ⅰ类林：林分结构合理,优良品种类型占60%以上,立地条件较好的油茶林。Ⅱ类林:立地条件较好,大部分植株处于中壮林,但稀密不均,或老、劣、病、残株占全林的1/3左右,每公顷油茶林常年产油量在60公斤以下。Ⅲ类林:土壤较肥沃,土层厚度在1米以上,坡度在25°以下,老、劣、病、残植株占全林2/3以上,每公顷油茶林常年产油量在30公斤以下。

**记者:**茶果的采收和处理要注意什么?

**陈礼敬:**果实成熟标志是果皮光滑,色泽变亮。红皮类型的果实成熟时果皮红中带黄,青皮类型的果实成熟时青中带白。种壳呈深黑色或黄褐色,有光泽,种仁白中带黄,呈现油亮。采收完全成熟的种子,不仅能提高产油量,同时也是降低茶油酸价的原始保证。油茶是蒴果,成熟时会自行开裂,种子落地不易收集,因此要及时采收。具体采收时间:寒露籽10月中旬采收,霜降籽10月底采收,立冬籽11月上旬采收。油茶果实采回来后,要立即在室外摊晒,促进果实开裂。在一天中要翻动数次,促使种子自动脱落。

**记者:**茶油有哪些特殊功效?

**陈礼敬:**茶油不仅仅是一种健康的食用油脂,还是化妆品油脂的主要原料。茶油是不干性油,其主要成分油酸甘油酯能使头发和肌肤长时间保持鲜艳而有光泽;茶油中的油酸很容易被头发和皮肤吸收,从而补足头发和皮肤油分的不足。另外,茶油还有较强的杀菌效果和很强的吸收紫外线的能力,能有效防止紫外线对人体皮肤产生伤害。

**记者:**在油茶产业的发展中,目前主要有哪些经营模式?

**陈礼敬:**目前主要有以下几种经营模式:

(1)自营自建(龙头企业+基地)模式。这种经营模式是从农民或村集体手中获得土地(或林地)使用权,按合约支付土地流转金。企业建立一体化基地,基地包括优质油茶苗圃,规模化、标准化油茶种植园,聘请当地农民作为种植基地和加工厂的工人。这种模式的优点在于:采用先进科学的种植管理技术进行大规模标准化种植和生产,油茶产量高;而且基地涵盖整个油茶产业链,各环节之间按成

本结算，整体成本较低，效益好；同时，企业的规模大，抗风险能力较强。由于这种模式对于企业的资金规模和管理水平有很高的要求，同时要求基地所在地有大片适宜种植油茶的山场或平地，以进行大规模种植，因此，这种模式受到的局限较多，诸如土地方位、土地流转等。

(2)股份合作(产业化示范基地+农户土地、劳务入股)模式。这种模式以农户出让林地经营使用权和劳务的方式参股，企业负责“高产或低改油茶林地”建设和生产经营成本的投入和管理，在建设期支付青苗补偿费；企业不支付农民土地流转金，农户按合约负责部分或全部具体劳作，全部生产资料的成本由企业承担；农民按照合约以产量的15%～40%作为分红。同时，企业聘请专业基地管理人员(大多为当地村干部)对各个生产环节进行管理。该模式农民以土地和劳务入股，与企业股份合作，风险共担，利益共享，可以使企业的资本、管理实力与农民的土地资源、劳动力资源等要素很好地结合起来，实现企业和农民的持久双赢。该模式可以增强当地农民参与的积极性，降低了因土地使用权流转产生纠纷的可能性，有利于进行油茶林地资源的快速整合，可以看作是对自营自建模式的优化。

(3)合约式生产模式。这种模式是与农民签订生产合约，企业负责“高产或低改油茶林地”的基建改造工作，负责制订“高产或低改油茶林地”的油茶种植生产标准、技术规程，农户严格按企业的指导进行油茶的种植生产活动，茶果按照略高于市场的价格由企业负责统一收购。即企业以油茶产业方面的专业技术、专业物资、资金扶持等方式向农户提供支持，农户在自有油茶低产林、油茶种植土地等自有资源上，根据企业提供的物资和技术指导开展油茶林低改和种植工作，所产油茶籽按照约定价格由企业收购。

**记者**：据了解，油茶的自花结实率并不高。请问，有什么简便的方法提高它的结实率吗？

**陈礼敬**：油茶是主要靠异花传粉结实的植物，自花结果率仅有20%～25%。要提高油茶林的结果率，目前最有效的办法就是“蜜蜂传粉”。通过在林区放养蜜蜂，不仅可以利用茶花酿蜜带动养蜂产业的发展，而且可以大大提高油茶林的结实率,从而最终大大提高油茶林的经济效益。

**记者:**油茶的病虫害主要有哪些?在防治病虫危害时要注意什么?

**陈礼敬:**危害油茶的病害主要有炭疽病、软腐病、烟煤病三种。为害油茶的害虫主要有油茶尺蠖、茶毒蛾、油茶枯叶蛾三种。

炭疽病:油茶炭疽病在我国油茶产区均有发生。该病危害果、叶、枝梢和花蕾等部位,以果实受害严重为主。发病时果皮出现褐色小斑,后扩大为黑色圆形病斑,发病后主要引起落果,落果率通常为20%,严重时达40%。在南方地区,一般5月下旬至6月果实开始发病,7—9月发病严重,8—9月落果最多。9—10月病菌危害花蕾,使其脱落。

防治方法:清整林地,清除病株及落地的病果、病叶。油茶林不能过密,对过密的油茶林要进行修剪、疏伐,以保持林内通风透光,降低林内湿度。药剂防治只能在发病严重时局部使用,可在早春新梢生长发病时喷洒1∶1∶100的波尔多液,防治初次侵染。在6—9月果病盛发期,每半月喷洒一次1∶1∶100波尔多液或0.3波美度的石硫合剂。

软腐病:油茶软腐病也称落叶病,在各地油茶苗木和成林中都有不同程度发生,危害叶和果,引起大量落叶、落果。5—9月为油茶软腐病高发期。受害叶片初期在叶尖、叶缘、叶中部或叶基部产生针头大小的水渍状黄色圆点,在阴雨天病斑迅速扩大,形成颜色深浅不同的同心轮纹。

防治方法:软腐病是油茶苗期的主要病害,因此重点在防治苗木被侵染。油茶育苗圃地要选择开阔向阳、排水良好的沙壤土。圃地苗木不能过密,要及时间苗。油茶林不能过密,过密要及时疏伐、修剪,以保持林内通风透光。发病初期喷洒1∶0.8∶100的波尔多液或50%退菌特可湿性粉剂。

烟煤病:烟煤病是油茶的重要病害,被害油茶轻则影响产量,重则颗粒无收,严重的甚至整株茶树死亡。烟煤病危害油茶的叶和嫩枝。发病初期病叶出现黑色霉点,然后霉点逐渐增多并沿叶脉生长,严重时叶及小枝形成一层黑色烟煤状物质,从而阻碍油茶叶片进行光合作用。

防治方法:烟煤病多发生在阴湿的环境,所以过密油茶林要及时进行修剪、疏伐,使林内通风透光。及时防治蚜虫和介壳虫为害也是防治烟煤病的重要措施。发现这类害虫,可用40%乐果乳剂1000~2000倍液喷洒。油茶林发生烟煤病后,春、秋两季可用1波美度的石硫合剂喷洒,夏、冬两季可用3波美度的石硫合剂喷洒。

油茶尺蠖:油茶尺蠖是油茶的首要虫害,油茶产区均有发生。幼虫食叶片,严重时全树吃光,茶果枯死脱落。如连续为害2~3年,则植株枯死。4月上旬至6月上旬为幼虫为害期,5月为为害盛期,6月上旬开始入土化蛹,蛹期长达8~9个月,故一年发生1代。

防治方法:结合冬垦夏铲,杀灭虫蛹是最有效的防治方法。施放病原微生物防治有735杆菌、苏云金杆菌、白僵菌、青虫菌。如用药剂防治,幼虫3龄前,用90%敌百虫1000倍液、75%辛疏磷2000倍液、70%杀虫脒800倍液、50%杀螟1000倍液等,均有防治效果。

茶毒蛾:茶毒蛾是油茶产区的重大害虫。幼虫食叶片,叶食尽再转食嫩枝、幼果。一年发生2~3代,每年4月上旬至5月下旬为上年越冬幼虫为害。6月下旬至7月下旬为当年第1代幼虫为害。第2代幼虫为害期为8月上旬至10月上旬。10月上旬至11月中旬,成虫产下第3代卵越冬。

防治方法:茶毒蛾天敌种类多,如卵期的黑卵蜂、赤眼蜂,幼虫期的毒蛾绒茧蜂、茶毒蛾姬蜂,幼虫及蛹期的寄生蝇。捕食性天敌有盲蝽象、步行虫、螳螂等。冬季及早春,结合油茶修剪摘除卵块,结合夏铲挖土灭蛹。4—5月,可喷洒苏云金杆菌防治。羽化盛期可用灯光诱蛾。

油茶枯叶蛾:油茶枯叶蛾食性杂、食量大、为害期长(幼虫期4月上旬至7月中下旬),吃一枝、光一枝、死一枝。在主产区一年发生1代,以卵块在油茶小枝梗上越冬。翌年3月中旬孵化,幼虫4月初开始食叶为害。

防治方法:冬季结合修枝摘除卵块。用灯光诱杀成虫。幼虫喷洒松毛虫核多角体病毒或松毛虫杆菌。

# 1.2 瑞昌山药，靠特色赢得市场

——访江西省瑞昌市新农山药专业合作社理事长　徐步前

**采访缘起**：山药，即薯蓣，别名怀山药、淮山药、土薯、山芋、玉延，属多年生草本植物，茎蔓生，块根圆柱形，雌雄异株，广布于全球的温带和热带地区。这是记者对山药的基本印象。一日，有校友提议记者去瑞昌市采访山药的种植与经营，记者的新闻敏感神经立马激越起来——里面定有玄机。于是，赶紧寻找关于瑞昌山药的资料。经过了解，发现瑞昌山药的确不同于一般的山药：一是黏液十分丰富；二是淀粉含量高，粉多味香，美味可口，具有肉质洁白、组织细密、质糯清香、久煮不糊的特点。掌握了基本的情况后，记者马上与联系人沟通，准备采访提纲，在做好了一系列的准备工作之后，记者一行就踏上了瑞昌山药的采访之路。

一个地方农产品如何走向全国？创业者又如何利用有特色的地方农产品创业？看了记者的访谈，相信您定会有所收获。

**记者**：瑞昌山药在市场上的名气不小，您认为它的名气是如何得来的？

**徐步前**：首先我认为瑞昌山药之所以在全国有一定的名气，主要是来源于我们瑞昌山药悠久的种植历史。据《瑞昌县志》记载，早在明朝隆庆年间山药就是

当时瑞昌的重要物产和药材之一，距今已有近500年的栽培历史。瑞昌山药属独特的野山药品种，2003年，瑞昌山药荣获国家A级绿色食品称号；2007年，瑞昌山药被评为江西省名牌农产品；2008年，瑞昌市政府成功注册"瑞昌山药"证明商标；2009年，瑞昌山药通过国家农产品地理标志认证。这些荣誉的获得，一方面说明瑞昌山药的内在品质不是虚的，而是经得起检验的；另一方面也说明瑞昌山药的品质获得了政府相关部门的认可。当然，正是因为有了这些荣誉，使得瑞昌山药独特的营养价值和口感，能够通过比较便捷的途径让全国大市场知晓，使古代就很有名气的瑞昌山药在现代社会焕发出了更加灿烂的光辉。

**记者：**瑞昌山药卖价不菲，是口感特别还是营养价值高，抑或是两者兼而有之呢？

**徐步前：**首先说价格，在印象中，2010年我从事山药种植，主要就是因为瑞昌山药价格高，当时500克的价格是8～12元；2013年，价格竟然到了500克30元。应该说市场价格一定程度上是产品质量的反映，是有道理的。我认为瑞昌山药价格高的原因，主要就是它的高营养价值和好的口感起了决定性作用。有顾客反映，吃了瑞昌山药一段时间后，明显感觉到起夜的次数减少了，尤其是老人、小孩的效果更明显。因为瑞昌山药有滋阴补肾的功效，同时又是药食两用的品种。不管什么产品，只有当消费者消费之后感到物有所值，并且还有继续购买的欲望才能畅销。顾客吃了瑞昌山药之后，觉得品质和口感都非常好，这就是瑞昌山药畅销的根本。当然也有一定的市场因素，那就是受到各种条件的限制，目前瑞昌山药的总产量还不高，难以满足市场的需求。

**记者：**瑞昌山药在种植技术上有无特殊要求？亩产量一般有多高？投入产出比如何？

**徐步前：**瑞昌山药是在瑞昌市这个特定的地方出产的一种农产品，它适宜在地势高燥、地下水位低（要求在120厘米以下）、土层深厚（一般要求有80～100厘米的土壤层）、土壤pH值在5.5～6.5之间呈弱酸性的棕色或红色石灰土上生长，种植基地要求排水良好、土壤肥沃、砾石含量少、无工业"三废"及生活垃圾污染、海拔在50～500米。对于瑞昌山药来说，最适宜种植的土壤就是土层深厚的棕色和红色石灰土，因为这类土壤耕作层疏松且多为粒状结构，心土层质地黏重、紧实，在这种土壤中种植，幼苗的生长速度快、长势健壮、根系发达。还由于这类土壤富含钙质、速效钾，能大大促进山药植株对碳水化合物的合成和积累。山药块茎在黏重、紧实的心土层中生长速度快，淀粉积累多，上下粗细均匀，大小整齐，表皮光滑，皮色好，组织紧密，品质优良。

瑞昌山药要求年降雨量1000～1500毫米，且分布要均匀。种植地地下水位要求低于地面1米以上，若地下水位过高，则极易造成山药块茎腐烂乃至绝收。因此，在山药播种结束后，应及时开好厢沟、腰沟和围沟，沟深50厘米，以保证雨天能及时排水、雨后不积水。山药甩条发棵期到块茎生长前期，需要高温高湿的环境；进入块茎淀粉充实积累阶段后，则对水分的需求量减少；充足的日照有利于提高山药品质。瑞昌山药主产区4—6月降雨量为591毫米，占全年降雨量的43%；7—9月的降雨量为340毫米，占全年降雨量的24%，这种降雨时间和降雨量，对于瑞昌山药各阶段的生长发育都很适宜。

在山药的整个生育期中，要重点防治炭疽病、根结线虫病、茎腐病、褐斑病和斜纹夜蛾、山药叶蜂，兼治金针虫、蛴螬和小地老虎等。要坚持“以防为主，综合防治”的原则，优先采用农业防治、物理防治和生物防治的方法；其次考虑使用高效、低毒、低残留的化学农药；不得使用国家明令禁止的高毒、高残留、高三致的农药及其他混配农药。

瑞昌山药亩产量一般在1750～2000公斤。每亩种子费、翻地费、化肥和农药等投入在9000元左右，每亩效益可达1.5万元左右。

**记者**：请谈谈您是如何与山药结缘的，又是什么样的机缘让您走上瑞昌山药的经营之路的？

**徐步前**：哈哈！说来话长。我以前在瑞昌开了一家服装干洗店，隔壁有家卖水果的小店每年下半年都从农村收点儿瑞昌山药来卖，销路特别好，价格也很不错，我就觉得发展山药产业肯定不错，印象中我是考虑了一年才决定去种植山药

的。第一次我就种了20多亩,当年我就在瑞昌市开了一家山药专卖店,结果销售得很不错,很快就把20多亩地生产的山药销售一空,并且还收购了其他农户的山药来卖,这让我意识到山药产业前景不错。2011年,在我的倡导下,成立了瑞昌市新农山药专业合作社,并且注册了"瑞之参"商标,我想带领更多的人一起来做大瑞昌山药产业。

**记者:**您创建的"瑞之参"山药品牌得到了市场的认可,您是如何保证产品质量的?

**徐步前:**"瑞之参"商标,我是2013年6月注册成功的,目前该商标已成了九江市的知名商标。2014年8月,我经营的山药基地被确立为省级无公害农产品基地。为了做好精品山药推广,我经常前往河南、福建等大型山药销售基地交流、学习,并带着"瑞之参"山药参加全国各地举办的绿色农产品展销会。"瑞之参"山药2012年在中国绿色食品博览会上获得银奖,2013年又在江西省第四届名优农产品(上海)展示展销会上获"畅销产品奖"。在推广瑞昌山药的过程中,我结交了不少"新农人",目前我拥有全国农产品经销微信圈,并通过瑞昌市的两大微信平台推广品牌,利用新媒体很好地拓宽了销售渠道。当然,不管销售渠道如何拓展,产品质量是最重要的,如果产品质量不过关,渠道再广也不可能把市场做大,更不可能取得好的效益。所以在保证山药质量方面,我严格把好两道关:一是生产环节关。我们合作社的山药严格按"统一生产标准、统一技术服务、统一肥药品种"种植,确保生产过程的无公害化。二是销售环节关。我们合作社生产的山药统一打上"瑞之参"品牌,统一销售。

**记者:**创业一般的规律是初期产品不容易打开销路,等产品得到市场认可以后,货源又往往供应不上,于是以假充真、以次充好的现象就发生了。您碰到过这种事情吗?

**徐步前:**这个问题的确敏感,目前合作社是按订单方式组织生产,不盲目扩大规模。现在产品也还没有到供不应求的地步,当然,如果真的到了产品供不应求的地步,我也绝对不会拿其他山药冒充"瑞之参"山药去销售,现在网络也非常发达，一不小心负面新闻就上网了。因此，有些触及底线的事情是根本不能干的，否则就会毁了“瑞之参”品牌。

**记者：**现在很时兴发展专业合作社，您在这方面肯定也有不少经验吧？请谈谈发展专业合作社的体会。

**徐步前：**办专业合作社，我多少有点经验。我不能说是一个真正的农民，但可以说是一个新型的农民，就像我们合作社的名字叫“新农”一样，当时的想法就是不能按老一辈的农民那种思想来发展农业生产，现代的农业需要太多的新思维、新想法。虽然我们的山药畅销，但我自己不可能承包那么多土地来生产山药，那也不是我的强项。所以我就想到了成立合作社，通过合作社的形式来组织农户种植，加入合作社的农户管生产，我专门负责销售和组织生产及品牌创建工作，利用各自所长，各负其责。生产规模大，生产成本也低，山药质量和货源供应都有保证，市场风险也可降低。

**记者：**现在越来越多的打工者想回乡创业，您对他们有什么建议？您认为创业最重要的素质是什么？如何才能持久保持创业热情？

**徐步前：**随着打工人群经济条件的改善，的确有不少打工者有想回乡创业的想法，我觉得这也是一种好现象，毕竟打工对大多数打工者来说还是一种暂时性的选择。如果能在家乡创业，则是实现家庭、事业两不误目标的最好途径了。农村也很需要那些有新想法的农民来改善农村的经济和改变农村的面貌，国家也越来越重视农村经济的发展，我认为现在回乡创业是碰到了有利时机。关于创业的素质问题，我认为“自信”是最重要的，因为有自信的人才有克服重重困难的勇气。创业的路上总难免碰到各种障碍，也难免碰得头破血流的现象，这就要求创业者要有自信，要相信自己的选择。看准了的事一定要坚持到底，不断学习，不断创新自己的思维，做到专业、专注，只有这样，才能持久保持自己的创业热情。

# 1.3 食用菌如何种才能变成致富菌

——访江西省抚州市金山食用菌研究所所长　方金山

**编者按:**中国不仅食用菌资源丰富,也是最早栽培、利用食用菌的国家之一。食用菌含有丰富的蛋白质和氨基酸,其含量是一般蔬菜和水果的几倍到几十倍。如鲜蘑菇含蛋白质1.5%~3.5%,是大白菜的3倍、萝卜的6倍、苹果的17倍;1公斤干蘑菇所含蛋白质,相当于2公斤瘦肉、3公斤鸡蛋或12公斤牛奶的蛋白质含量。食用菌脂肪含量很低,约占干品重量的0.2%~3.6%,而其中74%~83%是对人体健康有益的不饱和脂肪酸。食用菌不仅营养丰富、味道鲜美,常被人们称作健康食品,而且还具有降低人体血液中的胆固醇、治疗高血压、增强人体抗癌能力的功效。食用菌营养价值高,市场前景广阔,种植技术门槛也不高,尤其是种植食用菌的基质一般都是废物再利用。那么,在种植食用菌方面要注意什么?现在这个领域发展趋势如何?记者专门采访了著名食用菌专家、全国农村科普带头人、中国专业合作社“十佳理事长”、江西省抚州市金山食用菌研究所所长方金山。请看他给出的答案吧!

**记者:**方所长,请您简要介绍一下目前食用菌产业的发展情况。

**方金山:**中国是一个农业大国,十分适合食用菌生产。据商务网等有关机构的统计数字显示:2014 年中国食用菌栽培品种达 53 个,食用菌(鲜品)总产量达 2370 万吨,总产值达 1463 亿元。在中国,食用菌产区遍及 31 个省(市、区),主产县 634 个,产值超过亿元的县有 117 个,从业人员达 2600 万人,食用菌专业合作社已发展到 4500 个。食用菌是一个比较适合农民种植的项目,因此发展速度很快。如今,食用菌种植已成为新农村建设中促进经济发展的支柱产业,也是广大农民脱贫致富奔小康的好门路。尤其是“南菇北移”后,北方农村发展神速,辽宁省岫岩县 2007 年仅有前营镇西老爷庙村生产香菇、滑菇,当时的生产量只有 30 万袋。由于效益好,2013 年已发展到全镇种植,生产量达到了 300 万袋;现在,已经实现了全县种植食用菌。

**记者:**看来食用菌的种植前景很好,那么农村发展食用菌种植究竟有哪些优势?

**方金山:**在农村发展食用菌生产主要具有四大优势:一是原料充足。无论是南方还是北方,农作物秸秆和林业产生的枝丫、碎屑等资源都很丰富,它们均可用来栽培不同品种的菇菌,不仅可使废弃物得到充分利用,而且还减少了环境污染。二是自然气候适宜栽培。现有人工栽培成功并列入商品化生产的食用菌品种有 53 种,只要种植者根据当地气候选择合适的品种,全国各地都可以种植食用菌。三是生产成本低廉。栽培原料就地取材,菇棚自建,劳动力自我投入,男女老少均可参与,生产设备一般种植户只需购买一台装袋机即可,原料粉碎和灭菌灶,小种植户多向专业户租用,只需付租用费。四是经济效益可观。一般食用菌品种的投入与产出比为 1:3。

**记者:**食用菌的消费渠道主要集中在哪些领域?

**方金山:**食用菌自古以来就被视为山珍美味,历史上诸如香菇、银耳、猴头菇、竹荪、黑木耳等曾被列为“宫廷贡品”。清朝闻名于世的“满汉全席”,其菜谱中以菇为料,包括主料和调味料的菜肴就有 5 道。在民间婚喜庆典的宴席上,也离不开菇菜。随着科学技术的深入发展,菇菌的营养价值和药用功效不断被发现,其富含的蛋白质、脂肪、菌糖、多种维生素以及矿物质元素,对人体健康十分有益,尤

其是现代发现，从菇菌中提取的多糖具有防癌、抗癌的特殊功效。正因如此，越来越多的人对菇菌产生了独特的好感，菇菌成为百姓日常餐饮中不可缺少的食品之一。据对北京、上海、广州等大城市酒楼、饭店的抽样调查，在调查当天的食谱中，以食用菌为主料的菜肴最多的有32个，最少的也有12个，平均在20个左右。

近年来，从菇菌中提取特殊成分制成的保健品、药用品达30多种。如猴头菇健胃饼干、银耳美容茶、竹荪养生酒、香菇健身露等产品，备受消费者欢迎，市场前景也十分可观。

**记者：**食用菌出口外销情况如何？

**方金山：**食用菌是中国传统出口的名特产品，在国际市场上享有较高声誉。以香菇出口为例，产品远销欧洲、美洲、亚洲、大洋洲、非洲等60多个国家和地区。中国每年出口干品3万多吨，占亚洲市场的85%。此外，用于出口的还有黑木耳、银耳、竹荪、姬松茸、草菇以及双孢蘑菇（罐头制品）和野生菌等20多个品种。2014年，中国食用菌出口56万吨，创汇达22.3亿美元，成为中国农产品出口中的一枝独秀。

**记者：**适合农村发展的食用菌品种有哪些？

**方金山：**食用菌的品种较多，适合农村商品化栽培的主要有三大类：一类是木生菌，如香菇、黑木耳、滑菇、毛木耳、银耳、榆耳、金针菇等；一类是草生菌，如双孢蘑菇、草菇、平菇、凤尾菇、姬松茸、鲍鱼菇、秀珍菇、榆黄蘑、香白蘑等；一类是药用菌，如灵芝、云芝、桑黄、猪苓、天麻等。

**记者：**在选择品种时，要考虑哪些因素？

**方金山：**应以栽培地的海拔高度为依据，选择适合栽培的品种。食用菌有低温型、中温型和高温型3种温型品种，每个品种里又有不同温型的菌株。以香菇为例，中低温型菌株有Cr-62、Cr-66等，中温型菌株有L26、农七等，高温型菌株有广香47、武香1号、Cr-04、兴隆1号等。如果种植地在海拔300米以下，则宜选种高温型菌株；在海拔300~500米的地方，则宜选种中温型菌株；在海拔600米以上的地方秋栽，则宜选种低温型菌株；夏季反季节栽培则应选种高温型菌株。

因此,在购买菌种时,首先要查明菌种品性的温型,再根据栽培地的海拔高度确定引进的菌种,防止误引栽培而造成损失。在选择品种上除了要考虑地理条件外,还要考虑市场销售问题。有些农户在选择栽培品种上片面追求产量,忽视产品的市场销路和营养价值。在市场经济不断深入发展的今天,只有市场菇价好,生产效益才能高。反之,即使产量很高,如果菇价低也不能获得好的效益。一般来说,平菇、金针菇由于栽培技术容易掌握,生物转化率高,100 公斤原料可产鲜菇 150~200 公斤,生物转化率高达 150%~200%,但市场价位偏低。价位较高的品种有白灵菇、姬松茸、草菇、长根菇、鸡腿蘑、大球盖菇等。如果种植面积大的话,为了防止出现效益大起大落,要注意做好以下三项工作:一是与收购商签订收购合同,以建立稳定的供货渠道;二是在农贸市场设立自己的零售供货点,生产者与消费者直接见面;三是自己建立加工厂,除鲜品应市外,在盛产期将鲜品进行脱水干燥或盐渍加工,作为随时应市的干品。

**记者:**栽培季节如何安排?

**方金山:**不同的食用菌品种栽培季节不同,同一品种在不同海拔高度的栽培季节也有不同。从整体上来说,一般品种适宜春、秋两季栽培,春栽 3—5 月、秋栽 8—11 月为最佳生产季节;高温型品种如竹荪、草菇等,出菇温度要求在 25℃以上,故多选择夏季 6—9 月栽培;高海拔地区反季节栽培银耳以 5—8 月为最佳季节。低海拔地区反季节栽培香菇,以高温型菌株为宜,2 月接种、5 月下田埋筒覆土长菇。

**记者:**各种培养料如何配制?

**方金山:**培养料通用的配方为:主料(杂木屑或棉籽壳之类)80%,配合辅料(麦皮或米糠)18%,添加料 2%(石膏粉或碳酸钙占 1%,食糖 1%)。料与水的比例为 1:(1.0~1.2),也就是 100 公斤料配清水 100~120 公斤。拌匀后其含水量在 60% 左右,其 pH 值灭菌前为 6~7。

配制方法:将各种原、辅料先混合拌匀,再调水搅拌。现在栽培大多数食用菌品种都是采用塑料袋作为长菇载体,装料方式大多数用装袋机装袋,小批量生产也可手工装袋。装完袋后，将袋料置于常压灭菌灶上进行高温蒸汽灭菌，经过18～20小时灭菌后，卸袋冷却至28℃，再转入接种环节。

**记者：**料包接种培养有哪些技术要求？

**方金山：**无论什么品种，接种都必须严格把关，许多栽培者经常遇到菌袋被霉菌污染、菌袋成品率不高、成本增加等问题，就是因为没有把好接种关。为此，接种要求做到"三消毒"：一是接种室或接种箱按每立方米空间用3～5克气雾消毒粉进行消毒，以净化接种环境；二是菌种进入接种场所后，用报纸盖住菌种表面进行保护，然后打开紫外线灯照射接种环境20分钟；三是接种完成后，要对接种场所进行清理、消毒，做到无药物残留。

菌袋接种后进入培养室之前，应先对培养室及其四周环境进行消毒净化。所有食用菌品种的发菌培养温度均要求在20～26℃，最佳温度为23～25℃。发菌室要求干燥、避光，并要适时通风换气。

**记者：**在出菇管理上怎样才能高产优质，是否有什么秘诀？

**方金山：**出菇期间管理得好坏，会直接影响所栽培品种的产量高低和品质好坏。在管理上重点应抓好四个关键：一是控制好出菇温度。根据所栽培品种出菇温度要求，人为调控成适温环境；一般平菇、香菇、银耳等以15～25℃为最佳温度。二是适量喷水调节空间相对湿度。幼菇期相对湿度控制在80%～85%，发育生长期控制在85%～95%，成菇采收期控制在80%左右。三是通风换气。长菇期要求每天通风2～3次，以保持菇房内空气新鲜。四是调节光线。长菇需要散射光线，俗称"三分阳七分阴，花花阳光照得进"，即为最适宜的光线。

**记者：**食用菌采收有什么要求？

**方金山：**采收是生产全过程中的最后一道环节，如果这个环节把关不好，就可能使要到手的钱白白地从自己指缝中溜走。采收要掌握两点：一是把握成熟期。成熟标准是菇体七八成成熟即可开采，过熟则孢子散射，不仅品质下降，而且组织蓬松，重量减轻。七八成成熟的标志为菌盖尚未完全开伞、盖边略有内卷、菇体弹性感好、颜色正常且有光泽，此时开采最适宜。二是鲜菇采收后，要及时进行保鲜并送货上市交易。

**记者**:有许多人想从事食用菌种植,但又苦于不知道从哪里下手,您能为他们提点建议吗?

**方金山**:这是一个很普遍的问题,我几乎每天都会收到来自全国各地关于这个问题的电话、手机微信咨询。我给出的回答是:食用菌生产有一定的技术含量,初次种植者在种植前一定要先系统学习食用菌的基础知识和生产上的实用技术,不可无知盲干,以免走弯路。学习技术的路径很多,比如:可向食用菌科研部门咨询;也可参加有关单位专门举办的食用菌栽培技术培训班的培训,有条件的最好参加面授,没条件的就参加函授;还可以到食用菌种植基地跟班实习。在有选择地参加培训、掌握了基本知识后,再选择容易栽培的 1 ~ 2 个品种进行小规模试种,等种植成功有了经验后再逐步扩大生产规模。

**记者**:能不能具体介绍一下如何进行试种?

**方金山**:试种的话,最好选择平菇,因为它比较容易栽培。可先向正规的菌种生产单位购买 2 ~ 3 瓶菌种,采用棉籽壳或棉纺厂的下脚料、蔗渣等作原料,通过加水拌料、集堆发酵 2 ~ 3 天、中间翻堆 1 ~ 2 次,然后用木箱或藤筐作栽培容器,分层堆料、分层播入菌种。播完菌种后在栽培容器上面覆盖塑料薄膜保温保湿,发菌培养 30 天左右,等菌丝走透料后,揭膜、喷水,7 ~ 8 天后就可出菇。一次接种可连续长菇 5 ~ 6 潮,生产周期为 80 ~ 90 天。

# 1.4 种竹荪赏美景:花裙子飘出美丽财富

——访江西省会昌县磊石菌业专业合作社理事长　高云富

**编者按:**竹荪是世界著名的食用菌,又称“真菌之花”“植物鸡”等,名列“四珍”(竹荪、猴头、香菇、银耳)之首,具有延长汤羹等食品存放时间、保持菜肴鲜味不腐不馊的奇特功能。竹荪以其“身形俊美动人”而闻名,其鲜品形态犹如一个穿纱裙的姑娘,堪称“雪裙仙子”。有一个人,正是看上了这美丽的身影,不仅将它种在了自己的田园里,而且还带动了许许多多的人与他一起在种植美丽、欣赏美丽中走上了创业增收的道路。这个人是如何走上这条路的?在这条路上又经历了哪些意想不到的故事呢?记者采访了这个人——高云富,我们现在就来看看他究竟是如何与“花裙子”结缘的吧!

**记者:**我从媒体上了解到,您大学毕业后就直接去上海找工作了,并且在找工作的过程中遭遇了不少挫折。让人敬佩的是,挫折没有让您退缩,反而使您更加坚强。总结过去的经历,您有什么感想?

**高云富:**说来话长。大学毕业后,我怀着美好的梦想去了上海。上海是国际化大都市,竞争很激烈,工作好找也难找。对于我来说,好不容易找到的工作却总是因为种种原因被辞退。但是,为了生存,为了每个月能按期归还读大学时申请的助学贷款,我必须努力找工作、努力去工作。

记得我找的第六份工作是在饲料企业里做品管人员,开始时工资很低,只有1200元。而且工作环境特别脏,粉尘也很大,人在车间里走完一圈出来后,头发上布满一层白灰。我作为品管人员,一天要到车间走几圈,头发被覆盖一层白灰就不说了,就连戴的口罩都变得黄黄的,洗都洗不白。至于车间里的生产工人,就更是又累又脏。尽管如此,我还是坚持度过了三个月的试用期。试用期过后,由于我表现出色并抓住了一个机会,被调到另一个酶解蛋白质的车间代理车间主任。可是这个车间当时是一个研发试验车间,由于技术还不够成熟,导致酶解过程中有大量蛋白质变质发臭,这种臭味到了让人难以忍受的程度。当时我在车间里待了一天之后,洗完澡换好衣服去食堂吃饭,身上都有一股难闻的气味,那些饲料车间里的工人看到我都躲得远远的。可见在酶解车间里是多么的条件艰苦啊!但是,我还是咬着牙坚持下来了,每天除了吃饭、睡觉就待在车间和工人们一起搞生产研发。半年后,由于成绩突出,我又被直接跨级任命为公司一级的部门经理。

通过这些工作经历,我想说的是,当您把就业当成创业,站在自己事业的角度去考虑问题、努力去解决问题时,就是说像总裁一样思考、像秘书一样工作时,您就能把工作做得更好,也能很快地提升自己并得到他人(老板)和社会的认可,为自己未来创业也能打下一个比较好的心理基础。

**记者:**您的朋友庄勇,在与您交往并不多的情况下,尤其是他自己的经济条件也并不是太好的情况下,当他知道您创业遇到资金困难时,给您伸出了坚定的援助之手。他的这种举动让您想到了什么?

**高云富:**庄勇是我以前打工的同事,他是一个很坦率也很讲义气的朋友,虽然我们在一起工作的时间不长,交往也不算多,但彼此都很信任。因为我们有很多共同的特质,比如:都比较直截了当,爱憎分明。他在我创业初期缺资金的时候主动提出帮我一把,让我觉得:真的朋友,不在于交往有多久,而在于彼此之间的认知有多深。所谓物以类聚、人以群分嘛!什么样的人就能交到什么样的朋友,做好自己,自然就会有相同的人和您走到一起。就像现在,虽然很多人说很难交到

真正的朋友，但我还是拥有不少的真朋友。所以，通过庄勇给我支持这件事，我更加坚定了把做人放在第一位的思想。

**记者：**“生产连着产品，销售连着利润。”这是众所周知的道理，但在实际中有许多创业者在创业之初对产品的销售问题往往考虑得少，一旦上了规模之后才发现销售成了大问题，也有不少创业者就输在了这上面。您碰到了这个问题吗？您的产品营销策略是什么？

**高云富：**生产和销售，尤其是销售，是让很多初次创业的创客们感到困扰的问题。在决定种植竹荪前，我花了半年时间去了解市场，当然不是去看竹荪的现场交易旺不旺，而是通过市场交易去了解竹荪的市场前景。通过在全国最大的食用菌集散中心——福建古田食用菌交易市场的调研，我找到了很多专门经销竹荪在十年以上的经销商，通过他们了解到了许多我以前不知道的情况。经过分析，我决定专注竹荪的生产，销售问题交给批发商去做。因此，我现在是专门在如何提高竹荪的品质和产量上下功夫。到目前为止，我及我的伙伴种的竹荪，在销售环节上还没有遇到大的问题。

**记者：**您在发展村民种竹荪时遇到了哪些难题？又是如何解决这些难题的？

**高云富：**在发展村民种竹荪的时候，遇到的最大问题就是大家都互不信任，没有人愿意跟着我种。后来我就采取合作的形式，先以个别比较好合作的人为突破口，并与之签订保底收益协议。比如：刚开始时我找了一个叫陈检才的村民，和他谈好合作种植，保底价收购他种出来的竹荪。当然，在这种情况下也还是出了意外，由于他妻子坚决反对他种竹荪，他又不得不反悔，结果只好我自己接手种。巧的是，那年我接手种的竹荪效益出奇的好，第二年陈检才又找到我说要种竹荪，但天有不测风云，当种竹荪的一切条件都准备好了的时候，他又发生了交通意外，腿摔伤了。我又不得不接手他种的竹荪，后来他腿好一点了又向我要回两亩地去种，我还是二话不说又将从他手上接过来的两亩地还给他自己种。这两次的反复，虽然搞得我很被动，也遭受了一些损失。但是我理解他的无奈，也让他在跟着我种的过程中两亩地赚了一万多元。从与陈检才的合作过程中出现的反复，村民看到了我的为人和对事的态度,就开始信任我的为人和技术了,后来的发展就容易多了。

**记者:**种竹荪要注意什么?哪些区域适宜种,哪些区域又不适宜种呢?

**高云富:**竹荪种植难度不是很大,在南方地区均可以种,北方地区不是太寒冷的地方也可以种,但产量可能会低一点,经济效益也可能要差一点。种竹荪除了看气候条件是否适宜外,更重要的是看资源,就是种竹荪的原料资源,还有劳动力资源。没有原料无法种,没有劳动力就更是容易出问题,因为种竹荪是属于季节性用工量大的项目,而且每天采摘的时间就集中在那么几个小时,如果在出菇时没有足够的劳动力投入,不能及时采摘就会导致损失严重。根据我的经验,大部分种植户开始种植时之所以容易造成损失就在于:一是在劳动力投入方面估计不足;二是在烘干方面经验不足,因为烘干技术掌握得好不好,直接影响到产品外观、品质的好与差。总的来说,在合适的区域种竹荪,只要有原料和劳动力资源作保证,种植环节的风险就不大。

**记者:**种竹荪的投入与产出比咋样?

**高云富:**竹荪在种植业中是属于高投入的产品,每个地方由于资源和劳动力成本相差比较大,因此成本也会有比较大的差异。一般来说,一亩地的投入要八九千元。至于产生的效益,一是与市场价格的波动有关,二是与烘烤出来的竹荪质量好差有关,盈利丰厚时一亩地可以达到两万元以上,时机不佳时也会略有亏损。但是从多年综合的平均收益来看,一亩地的年平均纯收益基本在七八千元。因此,对于大部分普通农户来说,种植竹荪属于偏高风险、高回报的项目,但风险比养殖项目要低。

**记者:**种植竹荪的原料是什么?对种植地又有什么要求?

**高云富:**种植竹荪的原料主要是竹制品加工厂的下脚料——竹屑,另外阔叶树、棉花秆、玉米秆、玉米芯、稻谷壳、花生壳、瓜子壳等经粉碎后也可以种植。也就是说,含纤维素、木质素丰富的植物茎秆,只要不含有特殊的芳香物质,大部分都可以作为原料使用。当然,不同的原料,竹荪的产量也不同。对于种植地的选择，要求交通便捷、排灌方便、土壤疏松肥沃。特别要注意的是，种植地及上方水源地要三年内没有种过竹荪或者大球盖菇等相关食用菌，否则会严重影响竹荪的产量。

**记者：**竹荪食用方法有哪些？主要功效又有哪些？

**高云富：**竹荪是稀有的食用菌，在古代称为长生不老菜。竹荪，味道非常鲜美，一般都在高档酒店消费，主要是用来煲汤，也可以用来炒菜。据测定，竹荪含粗蛋白质20%、粗脂肪26%、碳水化合物38.1%，还含有多种氨基酸，特别是谷氨酸的含量很丰富，高达1.76%，具有滋补强身、益气补脑、宁神健体的功效。竹荪中的有效成分，能保护肝脏、减少腹壁脂肪堆积，从而产生降血压、降血脂和减肥的效果。在实际生活中有人反映，竹荪能改善过劳产生的心窝疼痛症状，也有不少人反映竹荪有明显的清凉降火作用。但竹荪性凉，脾胃虚寒者、腹泻者不宜多吃。

**记者：**您的创业梦想或者说目标是什么？

**高云富：**我的创业梦想是通过竹荪等食用菌的种植，建立创业孵化基地，带动更多的人参与到食用菌产业中来，帮助更多的人找到创业的方向。不求每个人都创很大的业，但求他们都能够为家庭增收、创收找到可靠的途径，有一份属于自己的产业。也希望所有经我带出来的创业伙伴能像我一样，坚守食品生产的安全底线，坚决不使用农药，保证自己种植的竹荪等食用菌的安全性，让大家有放心的食品可以吃。

## 1.5 人文圣山　天生好茶

——访江西燕山青茶业有限公司董事长　罗建明

**编者按：**“茶为国饮”。茶有益于健康并有广泛的群众基础，茶中蕴含着中华民族的优秀传统文化，茶是中华民族走向世界的一张精神名片。庐山云雾茶，这一独具特色的地方茶种是我国传统名茶，因产自江西省九江市的庐山而得名，宋代时期被列为贡茶。庐山云雾茶由于长年受到庐山流泉飞瀑的亲润、行云走雾的熏陶，从而形成了其独特的醇香品质，芽壮叶肥、叶厚毫多、滋味浓厚、香幽如兰。然而，这样一支名茶却由于种种原因一度沉寂多年。2008 年，地道的庐山人罗建明带领一支队伍，成立了江西燕山青茶业有限公司，通过创新改革，将庐山云雾茶复兴壮大，为庐山云雾茶产业、茶文化发展带来了新气象。记者有幸采访了江西燕山青茶业有限公司董事长罗建明，一睹了这位深山种茶人的风采。

**记者：**罗总，请您介绍一下江西燕山青茶业有限公司的发展情况。

**罗建明：**江西燕山青茶业有限公司坐落于风景秀丽的九岭山脉东南端——江西永修云山集团林业公司燕山境内，公司所在的燕山境内森林覆盖率达 85% 以上，是一个生态保护十分完好的风景农林山区，为国家 AAA 级自然林保护区及出

产名优绿茶的理想产茶区。燕山青茶业有限公司经科学论证,于2008年怀着对历史名茶的恢复与发展热情,同时抱着将这一特色农产品推广种植,发展山区经济,致富茶农的愿望,将公司落户燕山,从种植、改造、加工、营销、宣传等方面开展有序的工作。公司现拥有改造好的野生茶园1684亩,有机立体茶园800亩,"公司+农户"的种植基地2841亩。有员工82人,技术人员17人,拥有经国家QS认证的清洁化绿茶生产线。几年来,公司先后荣获多项荣誉,2010年荣获第十七届上海国际茶文化节中国名茶金奖、中国鄱阳湖国际生态文化节优秀展示奖、江西"绿茶"杯首届茶文化知识大赛一等奖;2011年获江西制茶十大能手企业、江西九江市十佳名优农产品、第四届中国茶业博览会优秀展示奖、江西十佳茶企;2012年获中国(上海)国际茶业博览会"中国名茶"评比金奖、江西"浮瑶仙芝"杯名优茶评比金奖、第九届中国国际茶业博览会金奖;2013年获"中茶"杯优质奖,被中国优质农产品开发服务协会授予"优质茶园"称号;2014年获中国(上海)国际茶业博览会"金奖"第二名;2015年获百年世博中国名茶金骆驼奖。

**记者:**请问庐山云雾茶与庐山有着怎样的历史渊源呢?

**罗建明:**庐山云雾茶古称"闻林茶",据《庐山志》记载,东汉时,佛教传入中国,当时庐山梵宫寺院多至300余座,僧侣云集。他们攀危崖,冒飞泉,竞采野茶;在白云深处,劈崖填峪,栽种茶树,采制茶叶。东晋时庐山已成为佛教中心之一,据载,当时名僧慧远,在山上居住30余年,聚集僧徒,讲授佛学,在山中广泛种茶。唐朝时庐山茶已很著名。到了明代,庐山云雾茶名称已出现在《庐山志》中。1971年,庐山云雾茶被列入中国绿茶类的特种名茶,并以"条索粗壮、青翠多毫、汤色明亮、叶嫩匀齐、香凛持久、醇厚味甘"这"六绝"一举扬名中外;1989年获首届中国食品博览会金牌奖。

庐山云雾茶的主要产区在庐山海拔800米以上的含鄱口、五老峰、汉阳峰、小天池、仙人洞等地。庐山地区多雾,云雾天气全年多达190余天,雾气滋润能提高茶叶品质。庐山属亚热带湿润山地气候,四季分明、昼夜温差大,这种气候白天有利于植物光合作用效率的提高,所以庐山茶树合成和积累的光合产物较多,夜间温度又相对较低，茶树的呼吸作用自然也较弱，消耗的光合产物少，积累的有机物质也就多。庐山云雾茶中氨基酸、咖啡碱、维生素C、芳香类有效成分含量高，鲜叶嫩度好，品质高。

庐山的茶树萌发多在谷雨后，即4月下旬至5月初，萌芽期正值雾日最多的时期，因此，造就了庐山云雾茶独特的品质特征：嫩绿显毫、汤色翠绿明亮、香气幽兰清新、滋味醇厚甘凉，茶汤具有独特的米汤味。

**记者：**我了解到庐山云雾茶由于历史的原因，这支名茶沉寂了多年，落得茶园荒芜，无人改造，随意采摘，毫无名优茶的霸气。您是怎样复兴这支名茶的呢？

**罗建明：**随着社会的发展，有机、绿色、无公害产品已成为消费的主流，市场前景十分广阔。2008年，江西燕山青茶业有限公司成立，开始了重新打造燕山茶叶的新篇章。我们首先从茶园的标准化生产开始，并在农业部农垦局的指导下进行有机茶园改造和建园。建立了标准化加工的自动（单机）生产线，制订了工艺技术规程。

产品的质量是企业永续经营和持续健康发展的生命线，我们公司以QS认证质量管理体系为标准，通过各种形式和途径增强全体员工的质量观念与意识。由管理者代表负责指挥与协调，坚持“全员参与、科学管理、持续改进、顾客满意”的质量方针，制订了检验合格率超过98%、客户投诉每年不超过3次、顾客满意率达到98%的质量目标。同时加强产品的检测，要求每一环节、每一道工序都必须严格执行质量标准，实行不定期抽查与定期的检查相统一，在各车间的关键和重点工序设置关键控制点，对生产现场进行动态控制，千方百计地保证产品的质量。

“燕山青”牌庐山云雾茶结合农业部农垦农产品质量追溯项目建设，真正实现了绿茶产品的可追溯性，在长期的生产经营过程中形成了一整套卓有成效的质量管理制度和质量保证体系。

此外，“燕山青”牌庐山云雾茶的包装也非常考究，九江制茶产业协会对庐山云雾茶包装标识做了明确规范：“庐山云雾”字样、拇指纹、云纹图、“人文圣山，天生好茶”字样四大元素统一，突出了庐山云雾茶的包装个性。

“燕山青”牌庐山云雾茶已具有一定的品牌知名度，但要保持和发扬这一优势，就必须调整结构、提升品质，依托资源、技术和品牌等基础优势，适应消费需求，大力发展有机茶叶种植，为茶叶加工提供优质原料，提升效益和市场竞争力。

**记者：**罗总，我还了解到您在燕山青茶业有限责任公司的基础上，成立了永修燕山青茶业农民专业合作社。请您介绍一下合作社的运作情况以及社员的收益情况。

**罗建明：**永修燕山青茶业农民专业合作社已于2014年被认定为国家农民合作社示范社。合作社社员160户左右，合作社实行的是“个性化”“军事化”的管理。在茶园生产管理方面，坚持茶园主要生产活动由合作社统一管理、统一布置、统一时间实施，合作社组织验收，对达不到质量要求的茶园限期返工。茶园分片、定产，实行班组承包责任制，由专人负责生产用工的组织及安排承包茶园鲜叶采摘，生产班组负责茶叶加工、包装、茶园秩序维护等工作。合作社提供加工设施，实行集中统一加工、统一技术指导，产品全部上交，合作社统一销售。茶园抚育、肥料等所需生产资料由合作社统一组织采购，统一标准、统一使用。

合作社每名社员都是种茶、制茶能手，茶叶质量也与社员利益绑在一起，所以社员之间也就自然形成了一种隐性的互相监督机制，为保证茶叶的品质起到了较好的作用。目前，合作社茶叶种植基地平均每亩最低纯收入达2200元。

**记者：**罗总，“燕山青”牌庐山云雾茶现已远销上海、广州、深圳各大城市，其品牌知名度也越来越高，您认为成功的关键因素有哪些？

**罗建明：**注重科学发展是“燕山青”成功的最关键因素。公司在自身及农户种植发展过程中，根据山区特色，按照“头带帽（树），脚踩田（粮食作物），环腰茶树连成片”的原则进行规划，保护了生态平衡。科学的规划使我们的茶叶不需施化肥，不需用农药，基本没有病虫害发生，生产的高档有机茶供不应求。

公司在发展庐山云雾茶产业的同时，全力打造品牌，以科学发展观为指导，带领当地茶农建立起真正意义上的社会主义现代化新农村，把燕山青品牌打造成优秀的民族茶品牌，为中国茶叶复兴之路努力奋斗。

# 1.6 彩宇园艺，苗木界的领头羊

——访安徽六安绿宇果树花卉研究中心主任　黄家领

**编者按：**随着“互联网”与电子商务的快速发展，传统行业升级已经被提升到了前所未有的高度。那么，像苗木生产这样的传统农业，在这种新模式下也能实现其行业的转型升级吗？传统的苗木行业与互联网相遇，将会碰撞出怎样绚丽的火花呢？下面就请关注安徽六安绿宇果树花卉研究中心，看看他们是怎么做的。该中心1998年就建立了自己的网站——彩宇园艺商城（www. greenglobe. ac. cn），网站先后被国内一些知名网站、纸质媒体重点推介过，并陆续被Google、百度、雅虎、搜狐、新浪等各大搜索站点收藏。现在就让我们来看看安徽六安绿宇果树花卉研究中心主任黄家领能带给我们哪些新思维、新观念与新信息吧！

**记者：**您能介绍一下安徽六安绿宇果树花卉研究中心吗？绿宇果树花卉研究中心的业务范围有多大？

**黄家领：**安徽六安绿宇果树花卉研究中心是集精品果树和花卉优良品种科研、生产、繁育、推广于一体的科研单位和经济实体，属中国园艺学会会员单位、中国花卉协会会员单位、安徽省科技企业。30多年来与国内外50多家科研、教学

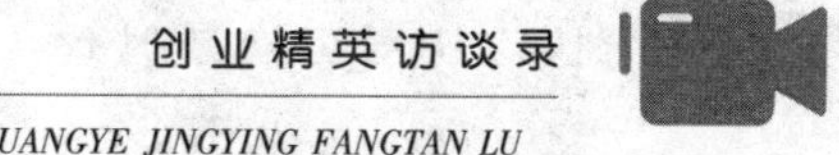

单位共同致力于各种果树、花卉、彩色树、经济林新品种的选育、引进、推广工作，每年都从全国各地以及韩国、美国、日本、比利时、意大利等国家引进新品种，累计精选各种名特优果树彩色花木品种2600多个，建立精品果树示范园、采穗园、母本园和国外品种示范园300余亩，育苗基地800余亩，年出圃苗木千万株，既有实体销售，同时又开展网上销售，把新品种推向全球。我们中心拥有自营种苗进出口权，近几年来本中心果树花卉种苗不仅满足了国内客户需求，而且开拓了国际市场，先后与韩国、美国、日本客商签订了苗木出口业务，成功地把我们中心的优良品种苗木通过空运、海运，远销国外。

**记者**：在如今互联网发达时期，你们的网站发展得怎样？

**黄家领**：绿宇公司一直本着以推广名优产品和相关技术为宗旨，借助互联网发展事业。我们创办的彩宇园艺商城网站每天都会有新信息发布，无私地对广大顾客进行指导和帮助。中心以及网站受到多家媒体关注及行家的好评，一批又一批的行业同仁加盟了绿宇，成为国内影响很大的集果树、花卉、园林类信息购物为一体的站点之一。网站里果树、花卉品种齐全，进去浏览采购，仿佛进入了植物大超市，应有尽有，客服有问必答，服务周到。

**记者**：您觉得苗木商城与其他的苗木网站相比，自己的特色在哪里？

**黄家领**：从苗木商城成立之初，就有着和别的网站不同的方向。因为目前的苗木网站主要以门户网站为主，主要作用是展示苗木，同时为供需双方提供交易的信息。而我们的苗木商城主要以苗木销售为契机，通过官方平台直接对外销售苗木。

我们不但有自己的独立网站，还有自己的微商城，自己的微信公众账号，整个网上的流量都在从PC端转向移动端。我们经常会在平台上发布一些行业资讯、行业思想以及特价苗木等信息，与大家来分享，也与我们的客户和用户进行更好的沟通。

**记者**：贵中心拥有自营种苗进出口权。那么，请给我们介绍一下，果树花卉苗木出口应注意些什么问题？

**黄家领**:我国的苗木生产水平要落后欧美国家和地区至少 20 年,在这种状况下,要想更好地开展苗木出口业务,如何严把质量关是最值得关注的环节。

(1)正确使用植物拉丁学名。在我国,一个树种通常有很多叫法,但在国际上只有一种,就是它的拉丁学名。种植者必须清楚地知道自己苗圃树种的正确拉丁学名,这是取得订单的第一步。

(2)苗木质量要达标。国外对苗木的主要要求是:树种树干要通直,生长健壮,无病虫害;根系发达,尤其是须根要多,必须是移栽过的苗;灌木要有至少 3 个以上的分枝,每个分枝要达到一定的粗度。满足以上要求是至关重要的。还要注意苗木的整齐度,一定要严格按照外商的尺寸要求去做。

(3)无病虫害。要注重检查病毒和害虫,这些病虫害如果存活在苗木上,将导致所有业务被终止。

(4)包装要符合要求。大型的果树树种洗根后用塑料袋套上保湿。包装时的品种分类不可马虎,混装的苗木是没有价值的。每个包装箱都要编号,并根据编号整理出箱单,提供给外商。

(5)事先与运输公司商谈。运输环节最容易出现问题,而且一旦出问题,很难控制,所以,必须了解不同植物的保存条件,和运输公司及保险公司商谈,以保证苗木的品质。

(6)了解进出口国植物检疫要求。苗木出口必须向进口国家提供植物检疫证书。我国对出口的苗木都要严格检疫,主要检查是否有土、虫卵、病害,包装材料是否符合规定,通常木材包装材料需提供熏蒸证明。检疫人员去现场检查,如没有问题,会在 3 ~5 天发出检疫证书。如果是出口植物,之前必须问清进口国家的植物检疫要求有哪些限制。

**记者**:苗木采购并不只是给钱拉苗的简单环节。很多细节问题如果忽略,会导致不必要的麻烦和损失。那么,苗木采购要注意些什么呢?

**黄家领**:苗木采购要注意以下两点:

(1)寻找货源。全国种植绿化苗木的人或企业有很多,品种也因为地区不同

而有所差异。因此,为了采购到性价比高的绿化苗木,一定要先了解哪个地区有什么优势苗木,在每个地区找一个诚信的苗木直销商,是非常必要、省时又省力的办法。

(2)查看苗木质量。在看苗木时,首先你看到的是整株苗木的一个树形,看相越好的苗木越贵,特别注意叶片、枝干等细节,是否受到病虫危害。其次要看其根系,根系是关乎成活率的重要因素。在采挖过程中要注意看采挖方法是否恰当,是否损伤根系,土球是否包扎完好,规格是否符合要求。超过一定重量的大乔木应该用吊车装车,在装车时要注意轻拿轻放。数量上要注意是否有少货的现象。工期再紧,也要实地看苗。

**记者:**苗木生产经营者应注意什么呢?

**黄家领:**近几年,苗木生产已成为林业产业的重要组成部分。但由于缺乏信息指导和有效的市场管理,存在苗木面积过大、品种单一、大规格园林绿化苗木缺口大、质量低于国家标准等问题,需引起苗木生产经营者的高度重视,主要应注意以下两点:

(1)以生产大规格苗木为主要目标。除部分绿篱类苗木之外,无论用材树苗,还是绿化美化苗木,都以一定的大规格(地径、米径、苗高)争俏市场,因此,育苗生产实践中,应降低育苗密度,或移植培育多年,以满足绿化业对大规格苗木的需求。

(2)满足市场对苗木品种多样化的需求。育苗生产要注意调整苗木种植结构,无论培育多少品种,每个品种面积都应形成适当规模。

**记者:**从事苗木种植的农民朋友很想知道未来几年苗木市场的发展趋势,您能提一些指导意见吗?

**黄家领:**我预测接下来几年花卉苗木市场的发展趋势是:

(1)彩叶苗木需求将不断增加,整个彩叶苗木市场处于上升阶段,投资风险相对较低。可以预见未来几年发展较好的彩色苗木品种有金叶黄杨、红叶石楠、金叶龟甲冬青、火炬树、金枝金叶国槐、黄连木、无患子、紫叶矮樱、金叶榆树、黄栌类等。目前彩色苗木在市场中的供应还比较少,基本处于供不应求的市场状况。

(2)大规格苗木和中高档花卉苗木供不应求。大规格苗木出现了供不应求的市场趋势,许多球根花卉、地被植物、大型苗木被园林部门和企业广泛采用,同时许多新奇观赏植物也逐步进入了大众家庭,如黑柿、七变化柿、垂枝柿、甜柿、红肉苹果、早酥红梨、龙爪槐、雪松、香樟、水杉、银杏、金丝柳、侧柏、黄杨等大规格苗木特别紧俏,尤其是胸径在 15 厘米以上的大规格苗木,市场价格和需求量在不断上升。

(3)容器花卉苗木日渐成为市场新宠。铁线莲、茶花、梅花、腊梅、珍珠五彩桂花、美国曼地亚红豆杉、红叶石楠、金叶女贞、金叶六道木、重阳木、木瓜、红枫、垂丝海棠、广玉兰及桂花等可以进行容器栽培。

(4)用于国家高等级公路绿化的苗木用量剧增,抗逆性强的花卉苗木销路不断扩大。具有抗旱和抗寒性强的苗木是道路两旁绿化的首选种类,无论是南方还是北方,主要需求树种有观赏花桃、北美冬青、北美海棠、香樟、红叶李、大叶女贞、蜀桧、刺柏、花叶紫藤、藤本月季、木芙蓉、垂枝榆、紫薇及美人梅等。

(5)草花绿化种苗需求量大,宿根花卉和地被植物销路广。最近,主要用于园林绿化的草花和绿化苗木的种子种苗交易异常火爆。如草花中的菊花、万寿菊、玫瑰等销售一直都比较好。另外,宿根花卉如郁金香、玉簪、百合、萱草等栽植时间普遍短,见效也非常快,最重要的是它的花期可以人为控制,比木本花卉容易管理。还有就是地被植物如地被菊、麦冬、鸢尾等都有助于大面积绿地景观技术的提高,其市场需求量也日益增加。

# 创新思想敢为先　葡萄结出“致富果”

——访南昌市新建区众森种植养殖专业合作社理事长、江西省劳动模范　闵风根

**编者按：**在江西省南昌市新建区金桥乡小桥村有一位葡萄种植能手——闵风根，17 年前，他开始在家乡试种葡萄，随着种植规模逐步扩大，往日的荒山荒地如今变成了一片片“绿色长廊”，他也从当初不懂葡萄种植技术的“门外汉”，成为今日地地道道的葡萄种植行家。他不仅通过种植葡萄发家致富，而且还成立合作社带领乡亲们共同致富。2015 年 9 月，闵风根当选为江西省劳动模范。下面记者就带领大家了解葡萄种植能手闵风根的事迹，共同学习他的葡萄种植心得。

**劳动模范热心肠　助力乡亲致富忙**

闵风根是地地道道的农民，他高中毕业后就跟着父母务农。后来，他学过泥工、摆过地摊、开过废品收购站，还做过服装生意。1998 年，闵风根在广东打工时，偶然了解到种植葡萄很赚钱。于是，他选择回到家乡试种葡萄。

闵风根首先利用自家的责任田种植葡萄，但由于他不懂种植技术，葡萄快要成熟时就发生大面积落果，起初几年都没有种植成功。为了种好葡萄，他跑遍全国各大葡萄种植区,四处拜师学艺,不怕苦不怕累,终于积累了一定的种植经验,掌握了种植技术。

2010年,闵风根通过土地流转承租了600亩土地种植葡萄。2012年5月,闵风根以600亩葡萄园为基地正式注册成立了“江西畅丰农业发展有限公司”;2012年8月,闵风根种植的葡萄有200亩挂果丰收,当年实现销售收入300多万元,净利润100多万元。村民种植水稻效益不是很好,种植葡萄收入比种植水稻收入翻了10倍。为了带动村民种葡萄发家致富,闵风根自己花钱印制葡萄种植技术手册,在自己的葡萄园里为村民讲解葡萄种植技术,他挨家挨户给村民做思想动员工作,并承诺无条件提供葡萄种植技术。

闵风根说,开始时大家思想还有点放不开,怕有风险,通过慢慢做工作,有几户先试种了葡萄,大家看到种葡萄真比种水稻赚钱多,就都争相加入到葡萄种植队伍中。为了更好地为乡亲们服务,打消村民种植葡萄的种种顾虑,闵风根在2013年5月成立了新建县(现为区)众森种植养殖专业合作社。村民加入到合作社中,合作社教技术、代管理、管销售,这样村民种植葡萄就更放心了。

目前,该合作社已形成核心葡萄基地600多亩、辐射葡萄基地1000亩,年产鲜食葡萄1500吨、产值达2000多万元的规模。不仅如此,闵风根还计划将基地旁的荒山开发出来,打造一个集水果采摘、畜禽养殖、垂钓和餐饮为一体的生态农庄,成为南昌市市民休闲游的新去处。

**记者:**恭喜闵总荣获江西省劳动模范称号!这项荣誉代表您这么多年的努力和贡献得到了乡亲们和政府的肯定,再次恭喜您!

**闵风根:**谢谢!这次当选为江西省劳动模范,我感到十分的荣幸!

**记者:**目前合作社社员有多少户?合作社葡萄种植基地都种植哪些葡萄品种?

**闵风根:**目前,合作社社员将近200户。种植的葡萄品种主要有夏黑、巨峰、阳光玫瑰、吉高、红巴拉多。

**记者:**据我了解,您是本地第一个种植葡萄的人,当初种葡萄也尝尽了苦头,

经历过很多次的失败。您认为南方地区栽培葡萄从技术层面上来说应该注意哪些方面?

**闵风根:**我们南方多雨,对栽培葡萄非常不利。比如南昌年降雨量多、梅雨期日照不足、果实成熟期的高温、酸性土壤以及病虫害严重等都是影响葡萄栽培的不利因素,尤其是葡萄成熟期间,恰逢7—8月的高温季节,是影响浆果品质的主要生态因子之一。南昌市葡萄浆果成熟期间不仅月平均温度超过33℃,还有不少日子最高温超过35℃,而且夜间温度往往超过30℃,果实成熟进程过快,果皮上色不良,从而影响品质。在生产实践中,这要通过控产栽培、提高果实含糖量的途径来解决;另一条解决途径是通过设施栽培使成熟期提早至6—7月或延后至9—10月,避开高夜温期间成熟。我建防雨棚栽培葡萄,亩产控制得刚刚好,而且果实整齐饱满,色泽鲜亮,口味适中,品质非常好,2015年地头收购价每公斤12元。

对于想要在南方种植葡萄的种植户,我想提醒几点:一是品种选择要对路,避免盲目引种造成损失;二是对生产技术要有系统学习,形成标准化技术规范,提高管理水平,提高葡萄产量和质量;三是要实现规模种植,提高产业化生产水平;四是降低农药使用量,提高果品质量。

**记者:**我了解到,您的合作社成员种植葡萄平均每亩纯收入高达1.0万~1.2万元,这个收益不仅远远高出种植一般的大田作物的收益,就是与一般的葡萄种植户相比,收益也遥遥领先。请问,您带领大家种葡萄赚钱的秘诀是什么?

**闵风根:**首先,我们合作社种植葡萄的技术过硬,从种到收很少走弯路,每年能够保证葡萄的质量和产量。现在的种植业技术在不断地更新,我们也在不断地学习。每年我都会参加几个葡萄专业研讨会或是技术交流大会,学习各地先进的技术,开阔眼界,引进新的种植模式等。回到合作社,我会把我的所学免费传授给社员,有时有外省葡萄种植户给我打电话,让我上门指导技术,我一律不收费。其次,合作社从种植到收获,实现了品种、技术、管理、销售各环节的统一,很大程度地节约了成本,比如在农资采购上做到集中采购,降低了采购成本。近几年,我们还使用了国家提倡使用的水溶性肥,这种肥料用量少、肥效高、利用率高,省肥省水省力，还可以提高葡萄的产量和品质。

**记者：**合作社种植这么大面积的葡萄，每年这么高的产量，葡萄都销售到哪里呢？

**闵风根：**合作社的葡萄基本不愁销，大部分都销往本地的大型超市或者水果专卖店，比如南昌市的华润超市、果唯伊水果专卖店、旺中旺超市等，统一签订收购合同上门来收购。每年，我还会带上我种植的葡萄参加全国有名的农产品博览会，在展会上有机会接触到大客户，可以互相交换名片，进一步洽淡合作，参加展会是推广产品的一个好途径。

**记者：**刚刚我们参观您的葡萄基地，看到大部分的葡萄已经采摘完毕，但是我还看到有几个大棚的葡萄才刚刚冒出新叶，这些大棚里的葡萄是反季节栽培的吗？

**闵风根：**是的。我有100多亩的大棚葡萄进行反季节栽培，反季节栽培经济效益更高，每亩纯收入高达1.6万~1.7万元。同时，我还在进行露地一年两茬反季节栽培试验。设施栽培葡萄是个高投入、高产出的产业，比如我基地的大棚设施，每亩需要投入2万元；规模种植，则需要很大的资金投入。对于南方而言，高温高湿气候成为影响葡萄生长、开花、结果和品质的诸多因素中最严重和最活跃的因素，要想抢占市场先机，就必须依靠现代化大棚的抗风抗雨、气温可调控等优势来达到提前挂果、提前上市的目的。

**记者：**近几年休闲农业可以说是以不可阻挡之势席卷大江南北，您有发展休闲农业的想法吗？以您多年从事规模种植的经验，您对发展休闲农业的创业者有什么建议？

**闵风根：**我目前确实想在我的葡萄种植基地里开发出一个观光园，也就是休闲农业的一种。我这个基地背靠梅岭，依山傍水，环境优美；我的葡萄园品种多样，早熟、中熟和晚熟的品种搭配合理，采摘期长；基地距离市区半小时左右的车程，交通方便。可以说发展葡萄采摘观光园是天时地利。我也正在努力做这个项目，这是一个系统的工程，要做好规划，比如观光园内的道路规划、采摘品种区规

划，还有农家乐、住宿、活动设施都需要规划好。对创业者，我也谈不上建议，因为这个项目我自己也刚做。不过，我想提醒创业者的是：无论是规模种植还是建设观光园或是其他休闲农业项目，都必须首先做好规划，大到观光园的定位，是水果采摘园，还是集采摘、休闲观光、度假疗养为一体；小到园内具体种植品种的配置、道路的设计以及吃、住、行的合理安排等。做观光园不要贪大，两三百亩的面积比较合适。地理位置最好是在城市周边一小时以内的车程，或者是靠近热门的旅游景点。园内最好增加一些体验活动或者体验产品，做到有特色、有吸引力，让人流连忘返。

**记者：**您对于产业的做强做大有怎样的目标计划呢？

**闵风根：**我合作社种植的葡萄已经注册了“畅欣”商标，2016 年葡萄上市就可以实现“统销统购”，以“畅欣”品牌推出市场，打造品牌效应。2015 年，我合作社的葡萄已经通过了“无公害农产品”认定，“绿色食品”目前正在申请认证中，将来我们还要向“有机食品”发展，我们要种出安全、美味、高端的葡萄。

# 1.8 扎根农村巧打文化牌　白莲孕育芬芳创业路

——访福禄白莲种植专业合作社理事长　刘海波

**采访缘起**：提起白莲，总是让人想起美妙的意境。从“小荷才露尖尖角”到“接天莲叶无穷碧”的场景，再到“映日荷花别样红”的热闹场面，都说明有莲的地方就有诗、有画、有不同的情趣和意境。莲子是药食兼用的优良保健食品。在中国，白莲的种植和莲子加工历史非常悠久。这是记者对白莲的基本印象。一日，校友提议记者去吉安市永丰县龙冈畲族乡采访一个大学生村官，了解一下他有关种白莲的创业故事。记者欣喜之余，心想这故事肯定有“料”。于是记者立马了解有关龙冈畲族乡和白莲的相关资料。经过了解，发现该乡确实比较特殊，它是江西省八个、吉安市三个少数民族乡之一，红色历史、蓝色民俗、绿色生态的“三色”是该乡的主要特色。近几年来，该乡大力发展白莲种植。在掌握了基本情况之后，记者马上与采访对象沟通，准备采访提纲。在做好一系列的准备工作之后，记者就踏上了去龙冈畲族乡采访村官刘海波之路。

**记者**：龙冈畲族乡作为吉安市三个少数民族乡之一，很多方面都颇具特色，您能简要介绍一下龙冈畲族乡的一些文化、产业等的发展情况吗？

**刘海波**：龙冈畲族乡设立于2000年10月，2001年3月正式挂牌，是江西省八

个、吉安市三个少数民族乡之一。该乡地处永丰县南部，位于吉安市永丰县、青原区，赣州市兴国县、宁都县四县区交界的中心地带，辖区国土面积 144 平方公里，耕地面积 1.5 万亩，山地面积 17 万亩。全乡有 11 个行政村，其中畲族村 3 个；总人口 1.5 万人，其中畲族人口 0.43 万人。

龙冈畲族乡资源丰富，生态环境良好，森林覆盖率达 78%，主要有松、杉、竹、樟、楠、檀等品种。龙冈畲族乡茶油名扬天下，灰鹅有一千多年的饲养历史，地下资源有金矿、萤石矿等。“三色”（红色历史、蓝色民俗、绿色生态）旅游框架基本形成。龙冈畲族乡不仅是少数民族聚居地，而且是一片具有光荣革命传统的红色土地。龙冈畲族乡群众依山而居，酷爱蓝天，传统服饰以蓝色为基调，融合客家和当地其他文化种源，形成浓厚的“蓝色民俗”。龙冈畲族乡民风淳朴，热情好客，风俗独特。畲族是一个能歌善舞的民族，山歌是畲族人们生活中不可缺少的一部分，舞蹈有禾杠舞、木马舞、打狮、唱板等。现在，每年农历三月初三是畲族的传统节日——乌饭节。在这一天，龙冈畲族乡的群众会举行一系列庆祝活动，包括民族歌舞表演、畲族工艺品和畲族特色美食产品展销、旅游景点推介、民族文化展览和赛龙舟等。

**记者：**您选择当一名大学生村官是如何考虑的？您对大学生村官这个职业的目标是什么？

**刘海波：**我于 2013 年 7 月毕业于东华理工大学国际经济与贸易专业。在当大学生村官之前，我有过创业经历——大学实习期间在江西省南昌县开了一家餐馆，也在浙江省杭州市一家空调企业上过班。之所以后来选择当大学生村官，主要是由于父母希望我回家乡发展。考虑到父母的心情，加上我又是家里的独子，就听从了父母的意见。此外，我是土生土长的农村人，对农村有着一种血脉相连的情愫。于是，在这种情况下，我决定参加大学生村官考试。幸运的是，我顺利地通过了考试。这样，2013 年 9 月开始，我便在龙冈畲族乡毛兰村的村委会上班。

我希望尽自己最大努力，踏踏实实地为农业的发展、农村的建设、农民生活水平的提高作些贡献。

**记者**:作为一名大学生村官,您是在什么样的情况下选择创业的呢?您认为大学生村官创业有什么优势?政府对创业有什么优惠政策吗?

**刘海波**:回村任职期间,经过大量的走访调研,我发现不少村民都有创业致富的愿望,但由于农村基础设施不够完善,没有创业经验和缺乏创业资金,只好打消创业的念头。我认为自己应该利用所学的知识、技能去挖掘农村资源,带领村民创业致富。就这样,一颗创业的种子在我心里深深地埋下了。

大学生村官创业优势主要有以下三方面:一是知识优势。大学生村官有较高的学历和丰富的文化、科技知识,学习和接收新鲜事物的能力均较强,在创业中可以很快进入角色。二是信息优势。大学生村官能够较好地利用现代化的科技手段了解市场信息与动态,有利于把握市场机会。三是地域优势。大学生村官在农村工作,可以实现本土创业,依托当地产业和人力,整合当地闲置资源,有利于事业的顺利起步。

近年来,各级政府都出台了一系列鼓励全民创业的政策。我县更是掀起了一股全民创业的热潮,包括专门开办培训班引导全民创业、一次性给予创业补助2万~5万元、大学生村官创业可以享受3年无息贷款等。县里为鼓励我乡发展白莲产业,补贴村里购买了剥壳机。有了剥壳机村民就不用像以前一样用毛竹片手工剥莲子壳了,这不仅节省了劳力,而且提高了工效。

**记者**:据了解,江西广昌的白莲是很有名的。您认为龙冈畲族乡的白莲有什么特点?

**刘海波**:选择白莲作为创业项目,主要想借助因地制宜的优势,尤其是盛夏时节,置身永丰县南部山区,放眼望去,到处是荷的世界、花的海洋。近年来,我县因势利导,及时出台《关于在南部山区重点区域大力发展白莲产业的实施意见》,大力推广"良种+良法"配套高产栽培技术和套种、轮作栽培模式等标准化生产技术,注重品牌培植、莲旅互动,全方位助推南部山区白莲产业发展壮大。而以此为契机,我想让更多的村民参与到这核心产业中,带动他们一起致富。

我们种的白莲很多品种和广昌的是一样的,主要是太空莲品系的白莲,该品系的白莲对环境的适应能力非常强，采收期比常规品种长30～40天，花大色艳、花箭多、花期长，莲蓬特别大，莲子颗粒均匀，结实率高达90%以上，亩产量高的可达100公斤，具有很高的经济价值和观赏价值。我们基地种植的品种主要是太空莲七号，该品种的莲子品质突出，具有色白、粒大、味甘清香、炖煮易烂、汤清肉绵、营养丰富、药用价值高等特点。莲子既是一种人人喜爱的高级滋补食品，又是馈赠亲友的佳品，久食可强身健体，延年益寿。

**记者：**目前龙冈畲族乡白莲的发展规模如何？您的合作社发展规模及发展模式又是怎样的呢？

**刘海波：**2016年永丰县已落实白莲种植面积2万余亩，覆盖了南部山区6个乡镇63个行政村，其中龙冈畲族乡的白莲种植面积占2000亩。目前，我们合作社种植面积有500亩，预计2017年年底要扩建到1000亩。合作社社员有15人，参与农户有11户。我们合作社采取"大学生村官＋合作社＋社员＋互联网"的模式，以大学生村官牵头，组织村民成立合作社，带动农户参与。种植普通的水稻，一般每亩地年收入1000元左右，而改种白莲，每亩地的收入4000元左右。随着白莲产业的发展，不少农户由种水稻改种白莲。

**记者：**对于销售方面，您采取了哪些措施呢？可以和我们的读者分享一下您的心得体会吗？

**刘海波：**在销售上，我们合作社生产的莲子采取的是线上与线下两条腿走路。线下，主要通过产品进驻特产店和超市的形式销售；线上，主要是在QQ、微信、微博等平台推销。

在推广、销售的过程中，我们突出产品与龙冈畲族乡文化融合的特色，以文化带动产品销售。比如，在产品包装盒的设计上，我们使用了红、蓝、绿三种颜色，这与我乡"三色"（红色历史、蓝色民俗、绿色生态）形成了呼应，并配以相应的文字介绍；而且我们产品的商标由"畲乡人家"的文字、"莲花""蝴蝶"的图案构成，寓意希望龙冈畲族乡白莲和文化能够走出去，走到更多更远的地方，被更多的人所熟知和认可。

**记者:**您的发展目标是什么?对于想创业的朋友,您有什么想说的话吗?

**刘海波:**我乡白莲虽然种植面积不小、产量也不低,莲子剥壳有了机器,但是莲子加工的许多工序还处于人工操作阶段,比如签通芯、烘干程序等仍然采取的是传统手工方式。我希望依靠当地政府的帮助和自己的努力,能够实现白莲规模化生产。当扩大规模之后,带动更多的村民就业与致富。此外,我还打算建立一个集观赏、游玩、体验于一体的白莲特色主题性公园,让人们可以享受到赏莲、采莲、剥莲的乐趣。

对于给想创业的朋友的建议的问题。我认为,第一是要学会吃苦,年轻就是吃苦的年纪。第二是凡事多用心,人只有用心才能深入思考、才能沉下心去干事。第三是对创业应该始终葆有激情,坚信只要用心做好当下事,美好之事自然就会发生的道理。

**采访后记:**"想尽各种办法,和村民一起搞好村里的核心产业,帮助村民增加收入,提高生活质量。这就是我想的,也是我正在努力去做的。"刘海波的话很实在。正是他这一份执着和实在,让他一心只想扎根于农村、服务于农村、带领村民共同致富的愿景越来越强烈。在谈到对大学生村官这个职业的定位时,刘海波说:"许多人觉得基层苦、农村落后,但如果人人都不愿意来,那农村不就永远发展不起来了吗?我觉得农村是一个大有作为的广阔天地,虽然条件确实不如城市,但这里更需要我。"这种植根于内心的文化,让他深深地热爱农村这片广袤的土地。这种踏实质朴的话语也让记者感动。刘海波还告诉记者,他会一步一步坚持下去,正如他采访中几次提到的做好当下之事一样,他用行动证实了踏实做好眼前事,一切美好之事就会随之而来的道理。他的工作不断得到村民和领导的肯定。虽然才20岁出头的他,身上却有着一种超于年龄的成熟与质朴。我们祝愿他的愿景早日实现,未来越来越美好!

# 2 养殖

# 2.1 黑猪刨出的生态养殖路

## ——访南昌市共长存生态农业综合开发有限公司总经理　艾阿兵

**编者按**:在充满激情的年龄放飞激情的岁月是人生的快事。人们都说"年轻真好",因为年轻,所以选择的机会多多。近年来,涌现了越来越多的高学历者不满足于找个单位乐享其成的工作方式,而选择了自己筹资创业丰富人生经历的个人奋斗之路。在这些创业人群中,不乏进入生态农业淘金的智慧者。在他们披荆斩棘的拓荒路上,究竟遇到了什么困难?又是通过什么方法化崎岖为平川的?在人们看到他们享受成功盛宴的背后,又有着怎样的动人故事?请听听在高山上养殖黑猪、走生态种养创业路的艾阿兵总经理是怎么说的吧!

**记者**:您的名字"艾阿兵"现在成了一个受很多人关注的品牌,请问,您是从什么时候开始创业的?

**艾阿兵**:要说创业,我很早就开始了。自从2002年上大学的第一天起,我就在想大学生活应该怎样度过才能让自己与别人不一样。总的来说就是"不走寻常路",而实际上每天上下课我一般都不走大路,总是沿着墙边走,因为墙上有广告栏,广告栏上贴满了小广告,我就是从这些小广告里找到我在大学创业的商机的。在读大学时,我到学生寝室推销过微机房用的鞋套、回收过大学生的军训服、代购

过学生烧烤用具、办过全省最大的大学生暑期辅导班，等等。刚进大学时，同学们叫我“矮阿兵”；四年过去后，同学们叫我“农民企业家”“艾总”；在毕业留言册上，每个人给我的留言都称赞我很棒，以后一定会成为大企业家，等等。但我认为那是同学们对我表示肯定的同时带着的一种期望，如果我做得不好，就真的有愧于同学、朋友对我的期待了。所以“去创业，做出一番事业”是我一直藏在心中的梦想。2012 年，我辞去了 IT 业的高薪销售工作，真正开始了自己做生态农业的创业梦！

**记者：**作为一个硕士毕业生，尤其是您刚毕业那些年，拥有这个学历到社会上找份好点儿的工作并不是难事，可您却选择了自己创业这条路。是什么动力促使您抛开高学历文凭去从事与自己专业并不相关的黑猪养殖的呢？

**艾阿兵：**纠正一下，其实我的硕士研究生并没有毕业，基础课程学完了，课题没有完成。我在本科毕业之后就参加了工作，一直做的都是通信产品的销售，我一直是一个“实践至上论”者，读硕士研究生的过程，我其实是半工半读的状态，最后实在兼顾不了就放弃了读研。工作对我来说，一点都不难，我喜欢做销售工作，但我不喜欢一边工作一边读研的生活。“性格决定命运”，骨子里我就是一个“不安分”的人，辞职创业是我最想走的一条路。当然选择哪个行业进行创业，我是经过了多方面的考察和尝试的，最后决定在生态种养方面下手。这主要有以下几个原因：第一，我父亲在 2008 年被检查出患了重病（胃癌）。在康复期间，我为了给他找些“土”东西补身体，四处打听、网上百度、乡下托人去集市收购，各种方法都尝试过，我发现要找些真正原生态的“土”农产品还真不容易，而且像我这样有需求的人又很多，这件事让我看到了原生态食品的稀缺和市场的巨大需求。第二，我的父母都是农民，养了一辈子的猪。我是农民的儿子，我自儿时起就有一个农业创业梦；我受过高等教育，再做农民也不能像父辈一样干，必须有所创新，特别是在市场销售的方式上要有大的创新。第三，近几年食品安全事件频发，社会对食品安全的关注度也越来越高，如果我能提供一些真正健康安全的食品，一定会得到社会的认可。所以我认为发展生态农业一定会是未来的趋势，自己也一定能在这个行业实现自我价值!

**记者**:您当初的创业理念是什么?现在改变了吗?

**艾阿兵**:我的创业理念就是:建立土生农产品交易平台,让农民产出的原生态土产品能够卖得出去,并卖出应有的价值;也让城市里那些对原生态健康农产品有需求的消费者能够买到真正的“土”产品。我认为整个社会价值有些失衡,以现在1平方米的房价1万元来衡量,农民1个土鸡蛋所付出的劳动价值就应该卖到10元,而实际上现在农民1个土鸡蛋最多只能卖一二元,农民的劳动价值没有得到充分体现。从目前中国的有机农产品的市场来看,其实真正的有机农产品大部分是在小众的农民家里、在大山里、在那些没有受到工业污染的地方,而那些地方又一定是欠发达地区,他们需要一个平台来把他们的东西展现给社会。我们害怕“地沟油”、害怕“苏丹红”,更害怕三聚氰胺,我们渴望买到、吃到安全食品。

我的理念一直没有改变,现在也一直在朝着这个方向努力,只是实践的过程在不断调整。最开始我组织团队进社区宣传,先寻找消费者,传递我们的理念。在操作过程中,我们发现光谈理念消费者根本不相信我们。因为我们没有产品,参与的团体也不多,根本无法取得消费者的信任。后来,我们想自己建农场做开心农场,模仿国外CSA(社区支持农业)模式。然而在实践过程中我们又发现,国内的消费者与国外消费者还是有区别的,而且我们的种植成本非常的高,还是无法达到我们的预期效果。正是因为我们不断地实践,我们发现黑猪的养殖与猪肉的销售都不错,覆盖面比较广,对我们寻找高端消费者可以起到很大的帮助,我们的品牌和平台的推广也在慢慢地积累,随着我们的销量不断地扩大,我们的猪肉剩余产品也不断增多,我们发现必须打通猪肉销售的整个产业链才能实现效益最大化。现在,我们除了做黑猪肉分类、精细化销售外,还做了黑猪肉水饺。黑猪肉水饺覆盖面更广,销售效果非常好,对我们的品牌宣传和平台的推广都起到了很好的效果。

**记者**:在您的创业路上碰到的最大难题是什么?您又是如何解决的?

**艾阿兵**:最大的难题就是资金的短缺,当我花完了前期预算的资金后,顿时成了“空军”。小猪嗷嗷待哺,我只能硬着头皮四处借钱,我编好借钱的短信,向我的亲戚、朋友、同学进行群发,很多朋友、同学都以为是欺诈短信,打来电话询问,我告诉他们是真的,慢慢地他们也习以为常。能借的借,能帮的帮,非常感谢他们。其实我在创业过程中,也有很多投资人找到我想投资,但我都拒绝了,因为我觉得时机尚不成熟。我一直认为,融资不但要融到资金,更需要融到资源——人才资源、人脉资源。因此,虽然我缺资金但我不能向资金低头。

**记者:**回想这几年的创业经历,有哪些让您难以忘怀的人和事?

**艾阿兵:**这些年,我难以忘怀的人是那些帮助过我的人,特别是一些媒体的记者朋友,是他们才让更多的人知道我和我的事业;当然还有我的亲人,他们一直在支持我,我的父亲从一开始就和我一起来到山上,起早贪黑,从来没有真正休息过一天。我一直很愧疚的一件事就是:2012 年的春节,我们工人都放假回家了,本来我们自己一家人也应该一起好好团聚,可是为了看守养殖场,我父亲却一个人在山上过了一个冷冷清清的春节。

最难忘的事,当然是我在创业初期遭遇的几次挫折了。开始时,我是与 5 个伙伴一起合伙创业的,但在经历一次次的挫折之后,我的伙伴都相继退出了,最后就剩下我一人坚持到现在。还有就是我在寻找猪种过程中所付出的艰辛也让我难以忘怀,我和我父亲驱车一天两夜去湖南九嶷山寻找土猪原种。山路崎岖,山民用背篓将种猪背出大山装上我们的车。接下来的两天,我们就与这些猪一起同吃、同住在车上,直到运回我在山上建好的养殖场。尤其让我痛心的是,由于水土不服,买回的 18 头种猪相继发病死去了 12 头,我坐在猪圈里欲哭无泪。面对幸存下来的几头宝贝,我恨不得天天抱着它们睡觉,生怕有一点闪失。经过几年的繁育,现在我已经有 100 多头种猪、近 1000 头仔猪,并已销售了 2000 多头商品黑猪。

**记者:**生产和销售是两个不同的环节,生产相对来说受外界的干扰少一些,最难的是销售。您是如何做产品的营销工作的?

**艾阿兵:**在产品的营销方面,我主要是比较注重体验营销,定期组织客户到我的养殖基地进行实地参观考察，深切体验我的养殖过程，让消费者知道他们每天吃的猪肉是如何养出来的。对现在流行的微信、网络等方面的营销方式，我也在积极地探索。2014年，我建了自己的微信公众平台，顾客通过扫描我的微信二维码就可以轻松实现互动，通过微信平台提高了客户对我的产品的感知度，也增加了客户对我的信任度。除此之外，我还推出了小猪认养、订购节日土猪肉和订购过年杀猪饭等活动。我的目标是建立“艾阿兵土生农品”交易平台，总体来说准备分为四步走：第一步，收集客户信息，找到目标客户。我现在推出的江西省首个黑猪肉水饺产品，就是为了广泛地收集客户信息，只有让更多的客户体验到我的产品，才能打造和树立品牌。第二步，建立社区营销渠道。我认为未来电商竞争的战场一定是在“最后一公里的物流”，也就是社区店，这是任何一个产品到顾客手上的咽喉，也是厂商与顾客互动最佳的场合。第三步，培养顾客订购习惯。只有实现产品全订购，才能甩掉库存、减少损耗、降低管理和物流成本，特别是生鲜类产品，培养顾客订购习惯至关重要。未来的商业模式一定是朝这个方向发展，传统的商业模式将接受挑战。目前，顺丰“嘿客店”正是这种模式的先行者，顺丰的优势在于他们有品牌效应、有强大资金实力，虽然他们现在的客流并不大，但我相信他们一定能闯出来。正所谓“贵族”有“贵族”的玩法，“草根”有“草根”的做法，我的做法就不多说，也算商业机密，不便透露。第四步，复制模式和形成核心竞争力。当我的商业模式一旦成功建成，信息量达到一定的基数，那时将是我的基地进入高速成长期和引入风险投资的最佳时期。

**记者：**目前，贵公司的产品有哪些？这些产品有什么特点？您又是如何赢得顾客信赖的？

**艾阿兵：**我现在主要销售仔猪、种猪，“艾阿兵”生态黑猪肉，黑猪肉水饺，土鸡、土鸭，土鸡蛋、土鸭蛋，野生茶油，菜籽油，生态稻鸭米等。我这些产品的共同特点就是：“土”。

要赢得客户的信赖，首先是要保证产品的品质，只有品质有保证，产品才有长久的生命力。其次是与顾客交朋友，我不断组织客户到我的养殖场去体验消费，

就是为了加强与客户的互动,与他们交好朋友。我也欢迎社会各界朋友参与监督我的产品质量和服务,我的养殖和种植全过程随时都向全社会开放。

**记者:**据我了解,您的黑猪肉水饺在南昌市卖得很好,但是也有顾客反映水饺比较油腻,并且饺子皮也稍厚了点儿。您是如何看待消费者的这些意见的?

**艾阿兵:**我生产的水饺,馅全部采用我自己农场养了一年多的黑土猪的肉做的,黑土猪养殖时间长,肥膘也比较厚,肌间脂肪含量更高,这样的肉做出来的水饺口感鲜美,有点油腻感其实是属于正常现象。当然,我的水饺产品也很丰富,可以满足不同口味人群的需要,有纯肉馅的,也有香菇馅、玉米馅的,还有韭菜馅、白菜馅的,等等。消费者可以根据自己的口味选择相应的黑猪肉水饺。至于做饺子的面粉,我们采用的是优质高筋面粉,没有添加任何添加剂,属于原汁原味的面粉味道。

**记者:**您对那些想创业的人最想说的是什么?

**艾阿兵:**创业者最痛苦的事情就是孤独——思想的孤独,起初身边的人大多都是不理解的。因此,在碰到失败、看不到希望的时候,一定要有自己的判断和坚定的信念。在碰到困难时,我只有一个想法:坚持。只有坚持不懈才能取得成功。我认为,一个人如果碰到困难就想着放弃的话,那他在创业路上只有一次次地放弃,因为我们无时无刻都要面对困难。

# 2.2 生态养鸡的苦与乐

——访江西省南昌市赣鄱生态农业有限公司董事长　林煜

**人物介绍**：林煜，1979年生，毕业于南昌大学食品系。2001年走出象牙塔后开始进入自主创业的轨道，先办食品添加剂厂，在商海搏击风浪10余年，产品供应全国有名大企业，实力排名进入全国同行业前五名。初尝成功喜悦的他，不满足于在已有天地里采撷鲜果，按捺不住青春骚动的心，"攻坚克难而后乐"的想法激起他想进入生态农业沐浴阳光的冲动。

当记者从媒体上得知林煜创办了生态养殖基地时，立刻被头脑中早已形成的生态农业的迷人风景所吸引，于是采访的冲动也油然而生。生态农业是利国利民的行业，大力发展生态农业也是农业环境得到保护、农业生产实现可持续发展的必由之路。发展生态农业，又是布满荆棘的艰难之路。为了探询林煜的创业新理念和独特之举，记者踏上了采访他的行程。

**记者**：林董，我得知贵公司在养殖生态鸡并有免费接送消费者到您的养殖基地参观的活动，于是就产生了想采访您的冲动。请您简单介绍下您公司的情况，好吗？

**林煜**：我公司是从事生态农业产品养殖、销售于一体的新型生态农业企业。

公司秉承“天然养生,自然养生”的理念,投资上千万元,采取“公司+基地+农户+直营店”的运营模式,在鄱阳湖畔的国家森林公园莲花山区域建立了大规模的养殖基地,选取优良原种土鸡,采用超低密度生态放养以及绿色有机的喂养方式,旨在为市场提供可靠、健康、美味的禽类产品。在南昌市新建县的生米镇又兴办了集林、果、渔、禽于一体的立体种养基地,为市民提供了一个在喧嚣城市的边缘就能享受休闲娱乐的清心静气之地。观农家景、吃农家饭,实现在休闲娱乐中舒心养性是我们公司经营的着力点和经营目标。

**记者:**听说您以前是开食品添加剂厂的,而且还做得很好。是什么原因让您离开原来的业务改行养生态鸡的呢?

**林煜:**我在养生态鸡之前是与别人合伙开了个食品添加剂厂,虽然开的时间不算太长,但也算得上是顺风顺水,在那么短的时间里业务做到了全国同行业前五的水平,虽然不能说是奇迹,但在现实中确也不多见。另外,我要补充的是,我其实并不是改行,添加剂厂我还是在开,只不过精力不像以前投入得那么多了,让其他合伙人多管一些。之所以把主要精力转到养殖生态鸡方面来,是因为我认为食品添加剂行业是一个成熟的产业,想再往前发展已经很难了,而生态农业却魅力无限,看到农民生产的一些好产品卖不上好价钱,我想通过创立品牌,打通优质农产品进入城市寻常百姓家的通道,尤其是希望为发展生态养殖探索出一条可供借鉴的道路。

**记者:**生态养殖项目其实有很多,您为什么单单选择养生态鸡呢?

**林煜:**据我了解:第一,生态鸡目前市场上还没有叫得响的品牌,但生态蛋却有不少品牌,但是品质良莠不齐。后来经过调查,我发现鸡蛋对许多人来说是每天必吃的,而鸡肉却不一定。第二,鸡个体小,单只的利润低,不像养猪,市场好时,一头就能赚五六百元,因此大资金往往不愿意投到养鸡项目上。第三,养鸡虽然单只利润低,但总投入的资金并不少,一般农户能养却往往承受不起市场宣传的费用。基于这些认识,我想创立属于我公司的一个生态鸡品牌。

**记者**:养生态鸡对养殖场有什么特别讲究吗?

**林煜**:生态养鸡关键在于营造一个合适的自然生态环境,这是进行现代生态养殖的基础。没有合适的自然生态环境,生态养殖就无从谈起。发展生态养殖必须根据所饲养畜禽的天性,选择适合畜禽生长的、无污染的自然生态环境,有比较大的天然的活动场所,让畜禽自由活动、自由采食、自由饮水,让畜禽自然地生长。因此,养生态鸡的场地最好选择丘陵缓坡地带,要求植被丰富,灌木丛覆盖率达到40%以上。

**记者**:养生态鸡,不仅对养殖场所有诸多讲究,而且饲料也要满足生态的要求。请问,在饲料方面您是如何满足生态要求的?

**林煜**:生态养殖是相对于集约化、工厂化养殖方式来说的。生态养殖是让畜禽在自然生态环境中,按照自身原有的生长发育规律自然地生长,而不是人为地制造生长环境和用促生长剂让其违反自身原有的生长发育规律快速生长。要实现生态养殖,在饲料方面就不能饲喂全价配合饲料,在我公司的4个养殖基地,我都是严格按照生态养殖的标准进行饲喂的。比如,在养殖场的鸡全部实行散养,让鸡整天满山跑,晚上许多鸡为了躲避像黄鼠狼等天敌的危害还飞到树上过夜;饲喂的都是没有经过加工的原生态饲料谷子、菜叶、青草和山上的虫子,每4个月还要转场一次;我养的紫凤凰土鸡为原种皖南土鸡,采用原生态超低密度方式林下放养,养殖周期在180天以上,等等。这些措施不仅保证了养出来的鸡味道鲜美、营养丰富,鸡肉弹性强、脂肪少、嚼劲足,而且鸡由于每天运动量大,抵抗疾病的能力也很强,一般情况下不容易得病。

**记者**:大家都知道生态鸡营养丰富,但很多人又不相信市场上有真正的生态鸡,您是如何做市场营销的,又是通过哪些渠道获取消费者信任的?

**林煜**:您问得非常到位,现在市场信任是一个非常大的问题。开始我们以为像我们这种生态鸡上市应该会被消费者抢着买,但现实却给我们浇了一盆凉水,给我们上了一堂生动的课:好东西并不一定能热卖。为了建立市场信任,在营销上我们可谓花了不少心思:一是针对2013年的国庆长假,我们在平面媒体上投入

5 万元作了插页独家宣传，将我们的养殖基地以图片形式形象直观地介绍给广大消费者，并安排专人、专车免费接送来基地参观的客户，对于团购的大客户我们不仅在价格上大幅度优惠，而且还提供送货上门服务；二是在活动期间，不管购买数量多少，全部享受成本价优惠；三是采取会员制，凡是会员购买我们的产品全部享受会员优惠价；四是现场免费品尝。免费品尝活动虽然动用的人力、物力都好多，工作量大，但效果还是很不错的。我们还在南昌市的一些高档住宅小区拉条幅、摆摊点，现场宰鸡炖汤、煮鸡蛋，免费送给住户品尝，香气四溢、清澈透亮的鸡汤让路过的人都循香驻足，品尝后都称赞不已。鸡蛋香气浓郁，蛋黄紧实，吃过的人都说确实不一般。通过这些创新的营销方法，现在我们的品牌得到了很大提升，产品也赢得了消费者的信任，尤其在春节前的销售中，上门采购、会员订购者络绎不绝，虽然由于受“八项规定”的影响，单位采购量比往年大幅下降，但我们的销售却没有受到影响。现在回过头来看，取得这些成绩的原因就是因为我们的营销计划提前，并且营销方法得当、营销渠道对路。

**记者：**您的中期市场推广计划是如何规划的？

**林煜：**可以透露给您的是，公司会有更多更好的品种上市销售，对于消费者而言，我们尽量做到能让消费者参与并监控到整个养殖流程，让消费者买得放心、吃得称心，在体验式的消费中赢得更广泛的市场认可。换句话来说，就是实现直供，至于如何操作，这个暂时保密。

**采访后记：**踏上采访林煜的路纯属偶然，与他因采访而结缘也是一种偶然。在短短一天的采访中，不仅林煜热情奔放的豪情、待人至真的纯情深深地感染了记者，尤其是他那股对事业充满执着的韧劲更是给记者留下了深刻的记忆。在采访中，林煜多次谈到，现在有些养殖场通过饲喂人工配制饲料生产仿土鸡蛋的问题，并充满忧虑。他还谈到，有些科研人员也对这种造假行为热情不减，不仅打击了本就脆弱的消费者之心，更是损害了消费者的权益，也让真正的土鸡蛋生存压力更大了。这也是真正的土鸡蛋难以以其真实的价值进入市场的原因。他还说，土鸡养殖周期长，一般要养9个月以上才上市，产蛋率比工厂化饲养的鸡也低许多。他说，土鸡，指的不仅是鸡的品种，还包含养殖方法。林煜告诉记者，由于他养的生态鸡，环境无污染，鸡吃的食物每天并不完全相同，因此蛋的颜色其实并不会完全一致，蛋的腥味也没有配合饲料蛋那么浓。这些特征，消费者都是可以辨别的。土鸡因每天活动量大，养的时间长，饲料杂，所以不仅蛋的营养价值高，而且土鸡的肉质坚实，嚼劲足，脂肪少，汤汁清亮香气浓。

尽管养殖生态鸡的道路艰难而曲折，但林煜表示，他有信心赢得市场的认可和消费者的信任，最后的赢家一定会属于像他这样诚实经营的农庄主。记者祝林煜的生态养殖之路越走越宽、越走越顺畅！也希望有更多有责任感的养殖户像林煜这样坚守生态养殖的底线，为市场提供更多货真价实的土鸡。当然，记者更希望有越来越多的消费者擦亮自己的眼睛，购买真正的土鸡，让那些披着“土鸡”外衣的“配合饲料鸡”还其本来面目。

## 2.3 难养的蝎子是如何养成的

——访江西省吉水县罗霖蝎业负责人　罗霖

**编者按:**作为一个从事农业科普工作多年的编辑,在工作中经常遇到读者有关蝎子养殖方面的咨询,笔者总是建议读者谨慎选择这个养殖项目,原因是干蝎市场售价虽然很高,但是人工养殖的技术难题一直没有完全突破,很难规模化养殖。直到采访了江西省吉水县的养蝎专业户罗霖之后才改变了记者对养殖蝎子的看法。罗霖是一个地道的江西农民,从小就和土地打交道,30 年前就萌生了养殖蝎子的念头并付诸了行动,结果收获的却是失败的打击。出于当时家庭经济原因,他没有继续探索养殖蝎子而是开起了饭馆,儿女成年后,看着家里空着的三层楼房又萌发了养殖蝎子的念头,几经挫折终于成功。现在我们就来看看罗霖是如何将小小的蝎子精灵养殖成功的吧!

**记者:**蝎子在大多数人的印象中,是“五毒”之一,普通人都会对其敬而远之,而这小小的有毒之物在您这里却变成了精灵。请您先介绍一下蝎子有哪些特点吧!

**罗霖:**蝎子是变温动物,在自然状态下,一年中有一半的时间都处于不吃不喝的休眠状态之中。外界环境的温度在 -5 ~ 40℃的条件下,蝎子均能够生存。但气温下降至10℃以下时，就不太活动了；气温低于20℃时，活动较少。蝎子生长发育最适宜的温度为25～39℃，其中35～39℃为蝎子最活跃的气温范围；温度超过41℃，蝎体内的水分被蒸发，若此时既不及时降温，又不及时补充水分，则蝎子极易出现脱水而死亡的现象；温度超过43℃时，蝎子很快死亡。蝎子生存除对温度要求严格外，还喜潮怕湿、喜干怕旱，并对各种强烈的气味（如油漆、汽油、煤油、沥青、农药、化肥、生石灰等）有强烈的回避性，对各种强烈的震动和声音也十分敏感。如果突然出现异响，会把它们吓跑，甚至终止吃食、交尾和产仔等。

**记者：**蝎子在市场上越来越受消费者欢迎，您能给我们的读者介绍一下蝎子都有哪些功效吗？

**罗霖：**蝎子含19种氨基酸、14种矿物质，干蝎中50%以上为蛋白质，是药品中的上品，食品中的珍品。蝎子为药食两用动物，蝎子入药的中成药有150种之多，有名的中药再生丸、大活络丹、牵正散等都以蝎子为主要原料配制而成。全蝎甘、辛、平，有毒，入肝经，有祛风、定惊、镇痉之功用，主治口眼歪斜、风湿麻痹、痉挛抽搐、破伤风、恶疮肿毒（外用）等症。另外，蝎子还是治疗肾炎、血管硬化、乙肝、癌症等疑难病的要药。用白酒浸泡全蝎而成的蝎酒，具有息风止痉、解毒散结、通络祛痛和保健抗癌的功效。蝎子的药用功效我是有亲身体会的，多年的农业劳动给我留下了全身的伤痛，类风湿性关节炎每到阴雨天就让我痛苦不堪，养殖蝎子后我就坚持每天吃一只蝎子，坚持了一年多，效果明显，现在阴雨天我已经感觉不到腰酸背痛了。

**记者：**您是怎么和蝎子结缘的，在养殖蝎子的路上一定碰到很多困难吧？

**罗霖：**说起养殖蝎子，最早要从1986年开始，我在媒体上看了有关养殖蝎子的报道后，就起了养殖的心思。引种后，由于没有掌握好关键的养殖技术，很快这批蝎子就全军覆没了。后来我改行养猪和养鱼，挣到了一些钱，随后和家人一起到县城开餐馆，由于经营得法，开餐馆赚到了可观的利润。餐馆开了12年之久，儿子也结婚成家了，在老家也盖起了三层小楼，我的身体也状况百出，遂决定退出餐馆的经营，交给儿子打理，自己回老家干起了养猪的老本行，这次踏准了市场节

拍，又赚到了不少钱。随着年纪增大和市场多变，我就没有继续养猪了。回家后看着空荡的楼房，想起早年养殖蝎子失败的经历仍旧无法释怀，2011年我又重新开始养殖蝎子。我辗转去过湖北、山东、河南等省引种、学技术，回家后克服种种困难，终于在2015年完全解决了南方人工养蝎的种种难题。技术问题解决后，我就慢慢扩大规模，利用我以前养猪的闲置厂房和家里的空置楼房来养殖蝎子。

**记者：**养殖蝎子这个项目有哪些优势，让你经历了这么多失败仍然不改初衷坚持养殖？

**罗霖：**发展蝎子养殖的优势有以下几方面：一是蝎子的药用和食用价值非常高，正在快速地进入普通百姓家里，市场需求量越来越大。二是养蝎子没有任何的污染，是真正的绿色产业。三是养蝎子相对于其他种养项目占地面积少，意味着前期投资更少，如有闲置的旧房稍作改造就可用于养蝎子。四是养蝎子劳动强度低，妇女、体弱的人都能胜任。养蝎规模可因人而异，既适合想创业的年轻人也适合体弱的老年人。养殖蝎子虽然优点多，蝎子售价也高，但养蝎子不能暴富，因此，这个项目不适合急着挣钱养家的人去做。养蝎子是一个技术性很强的项目，很多技术只靠看书和视频是没有办法完全掌握的。初学养殖者一定要到正规的养蝎场去学习养殖技术，这样才可以少走很多弯路。

**记者：**您养殖的蝎子主要销往哪些地方？

**罗霖：**我的蝎子养成成蝎后，也面临了销售的难题，摆在我面前的有两条路：一条是烘干后直接卖到药材市场，一条是自己零售。为了获取更高的利润，我选择了零售。零售，我是线上销售和线下销售相结合，线上和农村淘宝合作，通过淘宝的平台大大扩大了我的消费群体；线下我也发展了很多回头客，开始的时候就是在集市摆摊，走街串巷，向农民朋友讲解蝎子的功效。慢慢地有些顾客开始接受蝎子，吃了一段时间后身体健康状况有了明显的改善，就成了我的老顾客了。

**记者：**养殖蝎子有哪些需要特别注意的方面吗？

**罗霖：**养蝎子虽然需要的劳动强度不大，但是有几方面一定要注意：一是温度。0～7℃时蝎子完全休眠，10～24℃时吃食少，25～39℃是最适宜生长的温度，其中30~39℃为旺盛生长阶段,34~39℃为最佳产仔温度。二是湿度。湿度是养蝎子关键技术中最重要的一环,很多养殖户按照养蝎子的书上所列的数据控制湿度,为了调整好湿度忙得不可开交,大可不必。其实,只要仔细观察天气和蝎子的活动情况,发现干了,晚上在地面洒些水就可以保持合适的湿度。三是饲料。人工养蝎以喂黄粉虫为主,大蝎喂大虫,小蝎喂小虫。6—8月为蝎子快速生长期,应备好充足的黄粉虫。四是产仔。用单杯产仔成活率高,仔蝎从母蝎背上下来后要及时与母蝎分离。五是蜕皮。幼蝎子要蜕六次皮才能长大。只要平时的管理做到位,蝎子就能顺利蜕皮。

**记者**:农民朋友开启一个项目最终的目标是为了经济利益,现在养殖蝎子的经济效益如何?

**罗霖**:掌握了蝎子养殖技术后,创业之初的规模不要太大,可利用300平方米建设两个大棚,长25~30米,宽6米。不算土地租金,建设成本为12000~18000元,加上棚内建蝎池成本8000~10000元,合计不到3万元,大棚利用年限一般为10年,折旧费为每年3000元。养殖面积除去过道实有240平方米。每平方米需种蝎60~80只,按70只计算,每只种蝎3.5元,每平方米种蝎成本约250元,两个棚需种蝎费用6万元,加建棚费用3万元,加1万元其他的费用,合计成本需10万元。每只母蝎每胎平均产仔25只,每平方米可产仔蝎1750只,初养者按40%的成活率计算,每平方米产蝎子700只,养成烘干后可得干蝎850克,每公斤干蝎市场售价800元,每平方米产值680元,按养两年计算每平方米每年收获340元,一年两个大棚总产值81600元。淘汰的母蝎也能加工出售,一年有8万~10万元的总产值。随着养蝎时间的增加,技术的进步,收入会不断增加。养殖蝎子第一次见到收益的时间较长,需要两年。养蝎圈很多人建议加温饲养,可以缩短养殖周期,但我不赞成初养者用加温的方法饲养蝎子,因为技术不到位的情况下达不到预期的效果,反而增加不少成本。蝎子的繁殖非常快,有技术的养殖场,规模会呈几何式的增长,效益也会成倍增加。

**记者**:蝎子真是给您带来了很多的改变,让您身体变得健康,精神变得矍铄,经济也更加富裕。您对以后有什么打算?

**罗霖:**我从 2011 年开始第二次养蝎子至今,通过不断的摸索,总结了一套适合南方的养殖技术和加工方法,目前我的养殖场养殖蝎子 20 万~30 万只。主打产品为“老农民精品全蝎”,已卖到了全国十几个省市。接下来的计划就是进一步推广我的成功经验,让更多想要学习养蝎的人能够学到真正的技术,通过养殖蝎子脱贫致富。

# 2.4 靠养蚯蚓闯出的创业路

——访赣州归根生态科技有限公司总经理 刘军

**编者按**:2011 年 9 月,山东农业大学硕士研究生毕业的刘军作出了惊人之举——拒绝了多家公司的高薪聘请,毅然决然地回到江西省信丰县的老家开始了养殖蚯蚓的创业之路。他为什么会在家人的强烈反对和不解中作出这个决定,在他的心底究竟有着怎样的心路历程呢?为了探个明白,本刊记者经多方联系并与他进行了一个多月的沟通,他最终同意了记者提出的采访请求。现在就让我们来倾听他内心的声音吧!

**学以致用见行动　致富家乡心冲动**

作为山东农业大学的高材生,刘军在这所大学里度过了他的本科和研究生学习阶段。在七年的时光里,他也在学校的各个角落留下了灿烂的记忆。熟悉他的老师大多都给他打出了赞许的手势。

刘军说,在中国,养殖蚯蚓的人不少,尤其是北方,几十年前就有人养殖蚯蚓。2010 年暑假,他获悉自己的老家江西省信丰县生猪养殖规模很大,每天所产生的猪粪有几千吨,而这些猪粪除了部分用于果园、菜园、稻田做肥料外,大多被排放到山涧河道中,给生态环境带来了很大污染。他想,既然有这么多的猪粪,为何不把它利用起来养殖蚯蚓呢?

返回学校后,刘军就开始着手相关研究,成功掌握了猪粪无害化处理技术。2011年7月,返回家乡的刘军,利用经过无害化处理的猪粪饲养蚯蚓,结果取得了成功。后又经过不断地摸索和技术改进,他用猪粪养殖蚯蚓还获得了高产,亩产量可达3500公斤,比国内其他用牛粪养殖蚯蚓的同行产量高出近一倍。更让他欣喜的是,养过蚯蚓后的猪粪又是非常好的有机肥料。

**记者:**在电视上看到您的创业经历后,我很受感动。您的这种执着精神很值得创业者借鉴。请谈谈您的这种执着自信来自什么动力?

**刘军:**我之所以执着,是因为有专业知识支撑着我,我从本科开始到研究生毕业一直在研究蚯蚓养殖及其使用价值的问题。在我看来,未来农业必然要向环保型农业转变,对各种生物废弃物进行无害化处理必然会成为主导和发展要求。另外,创业一定要执着,只要持之以恒,肯于钻研,我认为一定会有收获。

**记者:**据您的老师介绍,您在读大学和研究生期间,一直是同学中的佼佼者,毕业时也有许多不错的单位争着想录用您,但您都拒绝了。许多人对您的这种选择感到不可思议,您是出于什么样的原因作出这种选择的呢?

**刘军:**我读书比较努力,也喜欢动手实践一些事情,在学校参加一些课题的研究也取得了不错的成绩。毕业时,不仅山东有几家规模比较大的养牛场想录用我,北京也有几家生态农业公司想录用我。其中有一家不仅表示要聘任我担任他们公司的副总,还开出了给我价值10万元的股份。这些条件,对一个出身农家的学生来说,应该也是够诱人的。但我没有动心,还是抵住诱惑回到了老家——因为我要去实现自己已经准备了七年的创业梦想。我的家乡,总体来说还是比较落后的,老乡的收入主要靠年轻人外出打工获得,我觉得应该靠我学到的知识去证明知识的力量,靠我的行动去带领和吸引老乡们去创业。我成立的公司,名称之所以叫"归根生态科技有限公司",意思就是要落叶归根,回到自己家乡,把自己的所学用在家乡建设上并尽可能带动家乡的人们共同富裕起来,这就是我最大的梦想。

**记者**：听说养殖蚯蚓还可以改良土地，是真的吗？

**刘军**：是真的。开始我也不知道养殖蚯蚓能改良土地这回事。很多人都知道，赣南的稀土很丰富，挖完稀土后会留下许多尾矿砂地，这些地方一般都很难再长作物。当时基于减少投资等方面的考虑，我在嘉定镇龙舌村选择了一块100多亩的稀土尾矿砂地养殖蚯蚓，通过两年多的养殖，原本寸草不生、沟壑纵横的稀土尾矿砂地现已成为平整松软的肥沃土地。这一治理稀土尾矿砂地的办法还得到了赣州市矿管、水土等部门的高度赞扬。

**创业艰难百战多　百战过后天更美**

2014年1月，在由中国共产主义青年团江西省委员会和江西省中小企业局共同主办的第二届“赢在江西”青年创新创业大赛的总决赛中，刘军的“用猪粪来养蚯蚓，再用蚯蚓来改善土质”创业项目，征服了在场的评委，从入围决赛的15名选手中脱颖而出，获得了大赛冠军并赢得了10万元创业奖金。刘军靠养殖蚯蚓创业，在不到三年的时间里，他已经建成了江西省最大的蚯蚓养殖基地，2013年销售蚯蚓25吨。

随着蚯蚓养殖规模的不断扩大，加上刘军研发的多个创业项目获得成功，江西、山东、广东、湖南、河南等地的多所农业大学都邀请刘军前去授课，请他向学生介绍返乡创业的成功经验并与相关人员进行课题交流。一些信丰县本地及周边的菜农、果农、苗农，都纷纷前往刘军的养殖基地采购他的蚯蚓粪作肥料。刘军思量，赣南是脐橙之乡，但目前仍没有专供脐橙使用的肥料。于是，刘军又开始琢磨起了脐橙专用肥的配方问题。目前，研发脐橙专用肥配方的项目已通过了江西省科技厅组织的专家评审，刘军目前正在基地内建设一个2000平方米的生产厂房，并与信丰县的一家大型果业公司达成了协议，共同创办一个大学生创业培训基地。刘军透露，他的基地建成后将很快有脐橙专用肥投向市场。

**记者**：我了解到您大学主攻的专业是食用菌，而您选择创业的项目是比较冷门的蚯蚓养殖。您对这个项目有什么特别判断吗？

**刘军**：开始研究蚯蚓也是个很偶然的机会，我在读本科的时候是想研究怎么

种植红菇,因为红菇的市场行情不错,价格也很高。可是在做这项工作时,我慢慢就想到了如何更有效地处理种植红菇后剩下的废弃物的问题。在查阅了大量资料后,我了解到通过养殖蚯蚓来处理这些废弃物是一条比较好的渠道,然后就开始把注意力转移到蚯蚓养殖上来了,之后就做了大量蚯蚓处理牛粪的试验。本来是为了寻找处理食用菌废渣的办法,却没想到意外发现了蚯蚓身上的财富。

**记者:**在养殖蚯蚓的过程中您碰到了什么难题吗?如碰到了,又是如何解决的?

**刘军:**做任何事都有可能遇到难题,何况是特种养殖。在摸索养殖蚯蚓的过程中,我遇到的最大难题莫过于蚯蚓全部死亡。有一年,因为降温实施没做好,夏天刚开始就死了一批蚯蚓。自然界里有2500多种蚯蚓,但并不是所有的蚯蚓都适合人工养殖。就目前知道的情况来说,比较适合人工养殖的蚯蚓品种是太平2号。蚯蚓是名副其实的"吃货",每天的吃食量相当于它自身的重量,树叶、稻草、畜禽粪便、生活垃圾等都是蚯蚓的食料。当然,养殖蚯蚓最好的饲料还是动物粪便。我的老家是生猪养殖大县,每年出栏生猪近100万头。我原以为这是一个非常有利的条件,因为猪多就意味着猪粪多,蚯蚓的饲料当然也就有了保障。但我没想到这个看似有利的条件,却成了养殖蚯蚓的难题。正在我干劲十足到各个养猪场收购猪粪时,却发现信丰县大大小小几十家养猪场,猪粪虽多却没自己的份儿。因为猪粪是加工有机肥很好的原料,很抢手,大养殖场早就被别人订走了。结果只能零星收购一些猪粪,但远远不够用。就在我一筹莫展的时候,刚好有家农业企业表示愿意与我合作,条件就是用猪粪换蚯蚓粪。我们一拍即合,正好各取所需,暂时解决了我的燃眉之急。也就在这个时候,有一家刚建的养猪场,由于量不大,还没有人订购猪粪。我看准这个时机,主动提出如果猪粪归我,我愿意免费帮对方清理猪圈,对方真的答应了。碰到的这些难题,就这样慢慢地一个一个解决了。

**记者:**在我的印象中,养殖蚯蚓都是作为生物链养殖的一个环节来做。把养殖蚯蚓作为一个单独的项目来做的,我倒是第一次接触。您做这个项目的经济效益如何呢？主要销路在什么地方？

**刘军：**您说的这种养殖蚯蚓的模式，蚯蚓是作为产品内部消化。我现在养殖出来的蚯蚓，是作为商品拿到市场上销售。目前，我基地的蚯蚓主要是作为特种养殖业的饲料和垂钓饵料来销售，蚯蚓是养殖黄鳝、甲鱼等经济效益较高的特种水产品的比较经济的饲料。我们单独养殖蚯蚓就能把更多的人力、财力用在一个点上，把养殖蚯蚓的产量提高、成本降低，然后再把它卖给黄鳝、甲鱼等养殖户，他们从我这里进货比他们自己养蚯蚓更便宜、更方便，所以他们也很乐意。蚯蚓还可以做钓饵用，有许多人小看了这块市场，其实钓鱼市场很红火，消化的蚯蚓量也是很大的。目前，我养出来的蚯蚓在江西省内就可以全部消化。另外，我也不是把蚯蚓作为一个单独的项目来做，我正在利用蚯蚓粪制作脐橙专用的有机肥，然后销售给脐橙种植户使用，利用蚯蚓粪种植脐橙其实非常符合生产优质农产品的要求。

**记者：**您认为创业最不可缺少的是什么？

**刘军：**我认为“坚持”是创业中最可贵的。黎明是美好的，可不是所有人都能在黑夜里坚持到黎明的到来，如果你认定了这个项目或行业，那就要给自己时间去坚持、去磨炼。其次，也要懂得整合资源，寻找合适的合作者，有的时候一个人的力量是有限的，大家的力量才是无穷的。最后，也是最重要的一点，就是不要盲目投资，并不是每一个项目都适合自己，一定要根据自己的实际情况选择合适的创业项目。

**记者：**您下一步的方向是什么？

**刘军：**我下一步的方向是走蚯蚓养殖工厂化，提高蚯蚓处理猪粪的能力，同时把蚯蚓粪利用起来做成生物有机肥，提高信丰县的脐橙乃至整个赣南脐橙的品质。

# 2.5 水面养鸭浮出致富花

——访江西省丰城市筱塘乡建兵养殖场场长　周建兵

**编者按：**创业的道路千万条，找到能充分利用创业者身边资源的那条最重要。“扬优成势，变废为宝”，是每个成熟创业者思考最多，也是成本最低的创业之道。在实际生活中，往往是同样的项目、同样的地点，不同的人却创出了完全不同的天地。有人说：“没有不赚钱的生意，只有不赚钱的人。”说的就是这个道理。养鸭不是什么新鲜事儿，但却有人靠着养鸭实现了致富梦想，美滋滋地数着哗哗作响的钞票；也有人却在鸭子的凄厉叫声中饱尝创业的艰辛，苦涩涩地流着滑滑无声的泪水。下面要向读者介绍的是养鸭大户周建兵的成功之道，记者通过对周建兵的深入采访，试图向读者烹出一道香气四溢的养鸭致富大餐。欢迎关注。

**受访者简介：**周建兵，江西省丰城市筱塘乡安坪村党支部书记，1975 年出生，从事养鸭长达 16 年之久，是筱塘乡第一养鸭大户，人称“鸭司令”。

**记者：**您什么时候开始养鸭的，现在养殖规模多大？

**周建兵：**提起养鸭，我算得上与鸭子有点缘分。在我很小的时候，家里就养了鸭子，只不过那时养鸭不是为了卖钱，而是供自己家里过年过节时作为肉食的补充,当然也就谈不上规模,一般仅养几只,最多时养十几只而已。到了1989年,我父亲开始了小规模养鸭,这样在与父亲一起照顾鸭群的过程中,也让我学到了不少的养鸭知识,对鸭子的生活习性也有了更多的了解。

真正将养鸭作为一个创业项目来做是从1999年开始的,也是在我外出打工数年之后的事了。那时我承包了几亩地,养了1000只蛋鸭,在当时来说,规模也算是不小的了。通过十几年的发展,我现在有鸭棚38个,占地面积约22.5亩;池塘15个,面积约800亩。一年养蛋鸭5万只,出栏公鸭50万~60万只;鱼塘养鱼,年出鱼10余万公斤。

**记者:**当时是在什么样的情况下让您想到了养鸭呢?又是什么因素坚定了您的这个想法?

**周建兵:**我很小就跟随老乡南下深圳去打工,主要是当建筑装修工。有一次,我为一个农业专家的家里装修,在聊天时专家建议我,如能利用好农村的田地,多包些山地和水田,回家乡搞种植养殖可能比在城市打工更好。我听了他的建议后,就开始思考回家乡做什么好的问题。前面说过,我对养鸭有过接触也算比较熟悉,感觉如果去养鸭的话心里比较有底。事情也真是这么凑巧,有句话:"机遇总是垂青于有准备的头脑。"正在我考虑回去养鸭的事情时,又刚好在电视上看到有个农业节目播放某个村有许多农民靠养鸭子致富的新闻,这就更让我萌生了养鸭创业的念头。为了进一步了解鸭子的习性和养殖技术,我又去买了许多这方面的图书和报刊。通过学习,我发现养鸭具有投资少、疾病少、利润高的特点,算是一个不错的养殖项目。这样,我就坚定了去养鸭的想法。1999年是我人生路上难以忘记的年份,正是这年开始了我的养鸭创业之路。

**记者:**您认为养鸭难不难,成活率高吗?

**周建兵:**养鸭其实不难。在养鸭过程中,要把握好以下几方面:一是饲料。小鸭时期喂小鸭料,成鸭时期喂成鸭料。在选择供料厂家时一定要谨慎,要从可靠的正规饲料厂家进料,不可轻易相信销售人员的片面介绍。不管你选用哪家的饲料,一旦选定了厂家,除非发现有质量、信用等大问题,一般不宜中途随意变更供

料厂家。否则，鸭群会产生饲料应激，影响生长。二是技术。技术主要是聘请相关专业技术人员，鸭子一旦发病了就请他们上门指导，以便对症下药。技术人员的费用千万不能省，有了专门的技术支持，可省却养殖户很多麻烦，也可避免造成大的损失。鸭子的成活率和产蛋率都是与饲料和技术密切相关的，只要饲料、技术、管理、卫生等方面过硬，一般鸭子的成活率可达到 95% 以上。三是冬季保暖措施要做好。目前我的养殖场主要是采用温室大棚的方式来保温，冬天适当使用增温设备。

现代养殖业，要想赚钱，离不开"科学"二字。善于学习、发现别人的优势，取别人之长补自己之短是不断完善自己的养殖技术和保障产品品质的关键。前不久，我去浙江（鸭子养得比较好的地方）参观养鸭厂，就发现他们的鸭舍几乎没有异味，鸭舍被隔成了多个小间，每间鸭舍地上都铺了条格状木板，木板与木板之间距离约 5 厘米，木板上面再铺网格状塑料片，鸭舍里还安装了喷淋设备。安装喷淋设备一是为了给鸭子冲洗，二是为了冲洗鸭粪。夏天到了，打开喷淋设备往鸭子身上喷水，既降温又消毒；冲洗下来的鸭粪往池塘里流，既提供了鱼饲料，又打扫了鸭舍。我觉得这样的方式很好，准备借鉴他们的做法。

**记者：**要把鸭子养好，要注意哪些问题？

**周建兵：**养鸭要有水、有塘，而且要活水，所以选址很关键。除了对水源的要求外，还要求鸭棚干净、卫生，根据所养鸭子的品种选择合适的饲料，注意按照免疫程序免疫。具体要求如下：一是要搞好鸭舍卫生。对鸭舍内外的运动场要经常打扫干净，食槽、水槽要经常洗刷消毒，饲料一定要新鲜，切忌饲喂霉变饲料，饮水要清洁。鸭舍要加强通风换气，保持空气清新，防止氨气对鸭的刺激。垫草要勤换，确保干净、干燥。鸭子爱好清洁，羽毛弄脏后，就应立即将鸭群赶入水中清洗，否则鸭群容易因羽毛污损而感染发病，甚至停止产蛋。二是要定期消毒。每周可用 20% 的新鲜石灰乳、2% 的氢氧化钠或 3% 的复合酚（消毒灵）对鸭舍运动场进行消毒，饲槽及用具可用百毒杀等消毒。对饲喂的青饲料和饮水可采用 0.02% 高锰酸钾溶液进行处理。三是要定时、定量、科学喂养。在投喂上，坚持做到"三定”“一不”“一保证”，即定时、定量、定质投喂，不喂霉变料、隔夜料，保证供给充足的清洁饮水，以确保鸭群有良好的食欲。四是按免疫程序对鸭群进行免疫。预防鸭瘟可用鸭瘟弱毒疫苗，雏鸭 20 日龄后接种，每只腿肌注射 0.5 毫升；成鸭每次每只胸肌注射 1 毫升。

**记者：**目前，您养的鸭子和鸭蛋都主要销往哪些地方？

**周建兵：**现在来说，我养的公鸭主要供应一个做鸭子熟食品的大企业，也等于是他们的原料供应基地，与他们也签订了长期的供销合同，鸭苗由这个企业提供，我养出来的鸭子由他们回收。一年可以出栏 5～6 批成鸭。鸭蛋主要有三条渠道销售：一是卖给月饼制作企业制作月饼。二是卖给加工企业加工成咸蛋和松花蛋，这都是人们喜欢吃的食品。三是供应鲜蛋市场。中医认为，鸭蛋味甘、性凉，有大补虚劳、滋阴养血的功效，除对水肿胀满、阴虚失眠等症有一定的治疗作用外，外用还可以治疗疮毒。目前，鸭蛋的销路很广，销售地点也没有固定，哪里价钱好就卖到哪里，主要是销往广东、湖北、浙江、上海、北京、江苏等需求量比较大的几个省、市。

**记者：**大多养鸭者好像是单纯养鸭不养鱼，您是鸭鱼共养。请问，鸭鱼共养模式有哪些优点？

**周建兵：**池塘水面养鸭、水体养鱼，鸭鱼共养有许多好处：第一，可以充分发挥池塘的综合效益，实现“一水两用”。第二，可以降低养殖成本，发挥“一料双效”的作用。喂鸭的饲料，除了一部分养分供鸭子生长外，还有大量未被鸭子吸收利用的营养成分以鸭粪的形式排入水体，这些鸭粪就成了鳙鱼（花鲢）的上等饵料和水中浮游生物的营养源，浮游生物的大量繁殖又间接为鳙鱼提供了饵料。第三，鱼塘养鸭可以为水体免费增氧。鱼类的生长，需要足够的氧气。鸭子在水面不停地游动、嬉戏，有利于提高鱼塘中下层水体的溶氧量。因此，养鸭的池塘不需要安装增氧设施就是这个道理。第四，有利于减少鱼类的寄生虫病。鸭是杂食性水禽，能及时摄食漂浮在鱼塘中的病死鱼、小杂鱼和鱼体病灶脱落物，从而减少了水中病源的扩散蔓延；鸭还能吞食很多水中害虫和因清塘不彻底而生长的青苔、藻类,起到改善水体环境的作用。另外,鱼塘中有鸭群活动,有害水鸟也不敢随意在水面捕食鱼类。

**记者:**您一年的养殖收入有多少?

**周建兵:**我一年的养殖收入主要分两块:一块是养鸭的收入,另一块是养鱼的收入。15个鱼塘专养鳙鱼,年产鳙鱼10余万公斤,收入在100万~110万元。因为鱼基本不用人工喂料,所以养殖成本很低,只需要鱼苗的投入。一只公鸭从出壳到上市,成本(购苗费、人工费、饲料费)约为18元。一只母鸭从出壳到完成一个产蛋周期,成本约为105元。一只母鸭一个产蛋周期,一般可产鸭蛋310个(约21公斤),以每公斤鸭蛋8元计算,可卖到170元钱。另外,淘汰一只母鸭还可以卖到20元左右。如此算下来,我一年养鸭的纯收入有500万~600万元。

**记者:**您认为创业中最重要的是什么?对于那些想创业的朋友,您有什么建议?

**周建兵:**创业中最重要的是要有信心和坚持的毅力,信心也是可以通过很多渠道来增强的,我认为最重要的一点就是要不断地加强自身的学习,尤其是对自己所从事行业的认知与科学知识的学习。现在是科技水平飞速发展的时代,不学习就会落后。对于想通过养鸭致富的朋友,我建议他们要积极参加培训,要相信科学,掌握好技术是确保养鸭成功的基础。除此之外,还可以通过查阅相关网站、各类报纸书刊,主动聘请畜牧专家作为技术指导,坚持在干中学、在学中干,积极摸索和积累养鸭经验。只有对自己从事的行业有充分了解,对技术有充分把握,信心才会自然而然地增强,坚持的底气也才能越来越充足。

# 2.6 独行蛇爬出宽敞致富路

——访江西省新干县蛇博园总经理　胡志明

**编者按**:对蛇有很好印象的人可能比较少。自古以来,对蛇的描述也多含贬义,如蛇蝎心肠、虎头蛇尾等,形容人贪得无厌的一句成语是"人心不足蛇吞象",可见蛇在人们的心里有抹不去的阴影。读者可能会奇怪,既然人们对蛇的印象如此不佳,那为何记者还要专门采访关于养蛇的内容呢?其实,在人们对蛇的了解中有很多误解,许多地方也冤枉了蛇类。据了解,蛇全身是宝,具有很高的营养价值和药用价值。如今,不少人士不仅早已改变了对蛇的片面认识,而且已经把蛇"请进"了蛇博园当宝贝,在养蛇的创业中将腰包鼓了起来。

养蛇不像养猪,养猪虽然投资巨大,但养猪场随处可见;养蛇虽然投资门槛不高,但养蛇场却不易发现。个中缘由究竟是什么呢?2015年4月2日,记者带着一串疑问踏上了采访养蛇行家胡志明的行程。现将采访内容整理如下,欢迎关注。

**记者**:据我了解,最近几年养蛇好像比较热门,您认为引起社会广泛关注养蛇的因素是什么?

**胡志明**:蛇是变温动物,体温随着四季气温的变化而变化的,体内的代谢活动

也与体温变化息息相关。体温高时,新陈代谢率高,活动频繁;体温低时,新陈代谢率低,活动减弱。在自然环境下,每年夏初到冬初是蛇的主要活动时期,夏季的7、8、9三个月是蛇最活跃的时期。通常,蛇类活动较适宜的温度在10~35℃之间,其活动的最适宜温度为20~30℃。当气温高于40℃时,蛇便会寻找树荫、草丛等阴凉处躲避高温;当气温下降到10℃以下时,蛇便停止活动;当气温降到6℃以下时,蛇便进入冬眠状态。一般来讲,雌蛇最先进入冬眠,然后是雄蛇和幼蛇。冬眠时,蛇的新陈代谢降到最低状态,此时蛇不仅不再生长,而且由于在冬眠时不进食又消耗着自身储存的养分,所以冬眠期间蛇的死亡率较高,会达到35%~60%。正是由于这些原因,在自然界蛇的数量受到诸多因素的限制,无法满足市场的需求。蛇肉非常滋补,营养价值高,含有多种氨基酸而且胆固醇含量又很低,有祛风除湿、活血化瘀、消肿止痛、解毒洁肤等功效;蛇毒在临床医学上的应用也越来越广泛,它可以治风湿性关节炎等许多病症。因此,肉用蛇市场和药用蛇市场均呈现供不应求的态势。既然蛇的市场这么看好,养蛇成为热门项目也就很自然了。

**记者:**人工养蛇,主要有哪些品种?蛇产品又是通过哪些渠道消化的?

**胡志明:**在自然界,蛇的种类很多,一般将其分为无毒蛇和有毒蛇。像菜花蛇(又叫大王蛇)、水律蛇、蟒蛇等,都属于无毒蛇。有毒蛇又可分为三类:第一类是喜欢在白天活动的,称为昼行性蛇类,如眼镜蛇、眼镜王蛇等;第二类是怕强光,喜欢在白天隐伏、夜间活动的,称为夜行性蛇类,如金环蛇、银环蛇、烙铁头等;第三类是喜欢在光线较弱的情况下活动的(多在晚上及阴雨白天活动,耐寒性强),称为晨昏性蛇类,如五步蛇、蝮蛇等。到目前为止,适合人工养殖的蛇类品种(人工养殖环境下能自主采食)并不多,主要有大王蛇、水律蛇、眼镜蛇、五步蛇、银环蛇等少数几种。从消费市场来说,肉用蛇除了算是一个相对高档的菜品、价格比较高以外,还有一个消费习惯问题,所以肉用蛇主要集中在沿海一些经济发达地区消费,如广东、浙江等省。药用蛇,目前一般销往国内规模较大的中药材市场,如安徽省亳州市中药材交易市场,还有就是销往制药厂。

**记者：**您养蛇有多长时间了？您认为要将蛇养好关键要把握哪些环节？

**胡志明：**我是1999年开始学习养蛇的，到现在已经养了16年了。蛇是冷血动物，自身体温会随环境温度的变化而变化，且对生存环境的温度和湿度的变化非常敏感。在野外环境下，蛇会选择适合自己生存的地方作窝，当野外环境的温度一有变化它就会躲回洞里；但在人工养殖环境下，如果没有人工营造的环境，它就无处可躲。所以，过去人工养殖的蛇很容易生病，经常发生不进食和不断死亡的现象，很多养蛇的养到最后全军覆没。

为什么会发生这种现象呢？就是因为蛇对生存环境的温度和湿度的变化很敏感，生长环境的温度波动超过5℃就会影响其进食，所以要想把蛇养好就必须有一套完整有效的养殖方法，让它不停地自主采食，快速生长。我经过长期摸索钻研，已设计出一整套低成本、环保、电子控温、恒温恒湿系统，小蛇从蛋壳里孵化出来后就能自主采食，不需人工填喂，并且小蛇出来只要养7个月时间就可以长到1公斤多。我的蛇博园养蛇成本低，蛇成长快，养1000条蛇只需一人每天工作4小时左右，大大地解放了劳动力。从我这儿学会养蛇的，很多都是一边种田一边养蛇，或者一边上班一边养蛇。

**记者：**每个创业者都有自己独特的创业心得，请谈谈您的创业经历。

**胡志明：**谈到创业经历，我的心情就难以平静。在创业之前，我是乡政府的一个临时工，那时每个月的工资是300多元。但我不是那种安份的人，总想做属于自己的事业。我思前想后，最后决定学养蛇比较好，因为我觉得蛇的销路好，既可以吃也可以做药材，那时是1998年。想法简单，但做起来就不是那么容易了，我不懂技术，那时我们农村也不知道电脑是何物，更没有网络。怎么办呢？我就到处打听哪里有养蛇的，为了找到养蛇的学习资料，我将几年的《农村百事通》都找回来了。

后来，我带着1000元钱到广西梧州拜师学艺。学完回来后，我信心满满，觉得这下发大财的梦想就在眼前了。可天下哪有这么简单的事？第一年买回来的蛇苗没有超过3个月就全军覆没了。看着家里借债买回来的蛇苗天天死亡，真是

欲哭无泪。在给眼镜蛇打针的过程中我还被蛇咬了3次,身体的伤痛、蛇苗的死亡把一个雄心壮志的创业青年挫败到了极点。后来,我结识到了广西师范大学生物系的李汉华教授,有了专业老师的指导,第二年我的养殖事业有了些起色。再后来,又在蛇场建设上摔了许多跟斗,也造成了不小的损失。在磕磕绊绊中艰苦创业的滋味实在不好受,但不管多难,我始终没有放弃。2005年是一个转折点,经过苦心钻研,我在别人养蛇的基础上对技术和设施进行了很多改进,包括蛇房建设、温湿度控制、幼蛇开口等方面进行了创新设计,将不到位的保温措施升级到电子自动控温控湿。现在,我的蛇博园的蛇窝一年四季恒温恒湿,蛇的胃口好了,吃得多长得也快。回顾自己走过来的路,虽然过程艰辛,但现在想想却内心愉悦。俗话说:"天下没有免费的午餐。"要想创业就要有承受失败和意外打击的准备,自己勤快些,多观察、多思考,多向有经验的人请教,这才是最实用的经验。切勿对别人的做法一味地生搬硬套。

**记者:**有许多人对蛇充满恐惧,认为蛇是不通人性的。你认为要怎样才能克服这种恐惧呢?

**胡志明:**在养蛇之前,我对蛇也是很恐惧的,那时在师傅那里学了半个月都没有胆量去抓蛇,可是它的商业前景又深深地吸引了我。从我的经验来看,要克服这种恐惧心理,首先要了解蛇的习性。蛇眼位于蛇头部的两侧,没有活动的上下眼睑,所以蛇的眼睛永远是张开着的。蛇的视力较差,对静止的物体反应迟钝,只是在面对运动的物体时,才有比较敏锐的反应。蛇类从身体外形上看,是没有耳朵的,但蛇体内部有内耳和听骨。因此,蛇虽然不能接受空气中传来的声音,但通过紧贴地面活动的身体,当声波经过听骨传进内耳时,蛇就可以敏锐地感受到地面震动传来的各种活动信息,从而产生听觉。蛇的嗅觉器官主要是犁鼻器和舌头,蛇的舌头有细而分叉的舌尖,舌尖经常从口中伸出搜寻空气中各种物体的气味,当舌尖缩回口腔后,通过梨鼻器的嗅觉反应从而使蛇产生嗅觉。其次要胆大心细不慌张。什么动物都有它的脾气,当你掌握了它的脾气之后,再在师傅的指导下小心谨慎地去亲近蛇,恐惧心理就会慢慢消失。

**记者：**办一个蛇园要投资多少？投资回收期一般又是多久？

**胡志明：**如果是一个新手养蛇，我建议最好不要把太多的钱花在蛇场建设上，因为刚开始技术一般都不太熟练，一旦失误，花在场地建设上的钱就变成了“死钱”。养蛇其实投入的资金可大可小，但最好从小规模养起，这样资金压力不大，养殖风险也容易控制，关键是要多花时间和精力学习养蛇技术，不要羡慕别人的蛇场建设有多大、有多成功，在条件不具备的情况下，盲目做大很容易造成大的损失。成功需要时间和经验的积累，需要慢慢来，一口吃不成大胖子，其实每个成功者的背后都有一把辛酸泪。养蛇的投资回报期一般是一年左右，只要技术过硬，养蛇的利润还是很可观的。

**记者：**养蛇的风险主要有哪些？根据你的经验，要如何做才能比较有效地规避风险呢？

**胡志明：**养蛇技术性很强，不像养鸡、养猪那样简单。我建议新手养蛇不要盲目下手，最好多到几个养蛇基地考察，在充分对比之后，选择一家有真正技术和负责的养蛇场学习一段时间。养蛇要成功，没有师傅带和实地跟班学的经历，是很难养成功的。这是大大降低养殖风险的关键。另外，开始养不要追求规模，等技术成熟了再逐步扩大规模，也是规避风险必不可少的。

我的蛇博园现有种蛇 2 万余条，主要是大王蛇、眼镜蛇、水律蛇、银环蛇和五步蛇。现有蛇房建筑面积 6000 余平方米，分为种蛇养殖房、小蛇育肥房、成品蛇养殖房等。蛇园经过上千次的反复养殖试验，现已解决幼蛇养殖难、幼蛇过冬难、饲料来源难、保温难、生长慢等养蛇中的一系列重大难题。目前，我场全部采用无冬眠养殖技术，蛇苗都是本场自繁自养出来的，小蛇从出壳到成品蛇上市只要一年左右时间，70% 以上的蛇重量都可达 1.8 公斤以上。

**记者：**我了解到您每年都会参加一些全国性的学术交流会。您认为参加学术交流会在经济上划算吗？对项目经营又有哪些帮助呢？

**胡志明：**中国野生动物养殖委员会每年都会举办一些养殖经验交流会，我确实经常会去参加。我觉得在这样的会议上可以学到一些同行的经验和汲取他们的教训,可以少走弯路。因此,我认为参加这些会议不能单纯地从经济上划不划算来考虑,学经验和结交朋友是无法用钱来衡量的。通过参加一些这样的交流会,我结识了不少朋友,也扩大了自己的视野。

# 2.7 果子狸如何烹出“财富宴”

——访万安井冈果子狸养殖合作社理事长　饶晓剑

**编者按：**饶晓剑，从1998年开始养殖果子狸，早在2010年，记者就在他刚刚成立的万安井冈果子狸养殖合作社对他进行过采访。在印象中，当时的他很迷茫，像是有很多事情都无法解决的样子。2015年3月，记者接到饶晓剑的报喜电话，他告诉我们吉安市被评为“中国果子狸之乡”，并问记者能不能把这则喜讯刊登在农村百事通的网站上或是杂志上，以便让更多搞特种养殖的读者看到这个好消息。“当然可以”，记者回答。在闲谈中，饶晓剑告诉记者，他的合作社2014年扩建了占地500亩的果子狸繁育基地，合作社社员也发展到了近300户，记者在为他感到高兴的同时，马上产生了再去采访他的想法。一个普通农民怎样在这瞬息万变的养殖市场中独辟蹊径，未遭淘汰还稳步发展？他的发展理念又有何与众不同？6月，一个晴朗的早晨，当记者一行来到位于万安县百嘉镇黄南村的果子狸繁育基地时，一眼就看到了向我们挥手致意的饶晓剑淡定从容、成竹在胸的样子。他带领记者一行参观了他基地的狸舍、麂子林、豪猪舍，在侃侃而谈中他也向记者道出了他的养殖历程……

**记者：**刚才我们到现场看了您合作社的养殖基地，布局很合理，选址也很科

学。在2010年,我们第一次采访您时,您刚刚成立养殖合作社,经过这短短几年时间,您的合作社养殖基地就扩建到了这么大的规模,真是不容易。请您介绍一下目前合作社的发展情况。

**饶晓剑**:现在我们万安县井冈养殖合作社有社员200多户,万安县果子狸养殖户基本上都属于我们合作社的成员。合作社有两个养殖基地,这个基地是新扩建的,占地大概500亩。基地现在的养殖品种主要有:果子狸、豪猪、野猪和麂子。果子狸年出栏商品狸六七千只。

**记者**:今年,万安县被评为"中国果子狸之乡"真是可喜可贺,县里和各乡镇对养殖果子狸的农户肯定出台了不少鼓励政策吧?

**饶晓剑**:2012年,万安县提出要打造"中国果子狸之乡",为此出台了一系列鼓励政策。用地方面,养殖户可以在基本农田以外的闲散地、坑塘、渠坡、废弃地搞养殖,审批程序简化,只需到县土地局备案;资金方面,支农扶贫资金、农业结构调整专项资金向养殖产业倾斜,保证养殖户都能得到贷款支持;基础设施方面,对养殖村统一规划,保证实现通电、通水、通路;同时联系专家,提供一条龙技术服务。万安县高陂镇今年还下发了《关于鼓励发展野生动物养殖的实施方案》,养殖户养殖一组果子狸(一公三母)政府提供帮扶资金5000元,每增加一组果子狸再补助3000元;镇干部学习果子狸养殖技术,然后结对子帮扶至少两户村民发展养殖。

**记者**:果子狸的养殖技术容易掌握吗?现在的养殖效益如何?

**饶晓剑**:现在养殖果子狸的技术已经非常简单了。我从1998年开始驯养野生果子狸,这么多年来,人工养殖果子狸,从技术、饲料、疫苗几方面我都跟专业的机构合作,将一个个难题解决了,把复杂的事情简单化。以前我养殖的果子狸经常生病,后来我跟东北林业大学的专家、教授合作,把果子狸的疫苗这个难题攻克了。现在,养殖户只要带上果子狸每年到我基地打一次疫苗,就几乎不会得什么疾病了,养殖也很轻松。

以前,养殖户养殖果子狸没什么专用饲料,有什么就喂什么。这几年,我又解决了饲料问题。我跟山东一家专门生产毛皮动物饲料的饲料厂合作，把厂里的的技术人员请到我们这里，给果子狸配制饲料，再把果子狸的粪便拿到饲料厂化验，看缺少什么营养元素，再改善饲料营养，最后把果子狸饲料标准化。有了专用饲料后，现在养殖户不用操心果子狸吃什么的问题了。我们提供的果子狸专用饲料品种丰富，怀孕期有怀孕期料，哺乳期有哺乳期料，生长期有生长期料，而且统一最低价销售。果子狸饲养也非常简单，简单到什么程度：一天只喂一次，一勺料拌点水饲喂就可以了。

现在养殖果子狸正是好时候，市场行情好。以每户养殖 15 组(60 只)为例，年纯收入可达 7 万元左右。

**记者**：您合作社的社员能得到哪些实惠？

**饶晓剑**：对养殖户，我基本做到了买我的种狸，我提供技术，产品包回收或者帮助销售，养殖户不用担心销售问题。我跟每个入社成员签订了合同，长年以每公斤果子狸 210 ~ 220 元的价格回收，保证养殖户没有后顾之忧。我们合作社每年举办 2 ~ 3 次培训班，免费培训果子狸养殖技术。更重要的一点是，经过这么多年的打拼，我已很了解野生动物的市场风向，并会在第一时间把市场信息反馈给社员，让社员提前做好应对准备，像什么时候出栏、如何调整养殖品种等问题都不用社员操心。前些年野猪行情好，我们社员养殖野猪的积极性就非常高，高峰期一年出栏 10000 多头。我根据经验判断，野猪行情肯定要发生变化，就建议社员及时调减养殖数量，从而避免了后来发生的行情下跌带来的损失。现在我建议社员养殖更值钱的品种，比如果子狸、麂子。同时我们还在开发新的养殖品种，比如豹猫、猪獾等，我们就是要不断发现和找到养殖技术简单、适合人工养殖、市场前景又好的养殖品种。我之所以不断地更新一些养殖品种，就是想尽可能让社员比较稳定地赚钱。

**记者**：特种养殖动物的消费市场其实比较窄，您合作社每年生产的产品一定很多。请问，您又是如何将产品推向市场的？

**饶晓剑**：说到跑市场，真是一言难尽。我开始养殖果子狸时，一没有技术，二

没销售渠道，我只听说广东销路好，但又不知道销售市场在哪里，我就带上果子狸搭车去广东，再在当地租车到处去找市场，好不容易找到市场后又挨家挨户推销，市场就是这样一点一点跑出来的。现在我的社员不用像我当年那样自己跑市场了，我们合作社已经在海南成立了海南野生动物经营有限公司，可以合法经营销售400多种野生动物，社员养殖的果子狸、野猪、豪猪，还包括江西省一些地区养殖户的野鸭、野鸡、大雁、竹鼠，都可以发货到我们海南的经营公司，再批发销售。

**记者：**“中国果子狸之乡”对吉安市来说是一个荣誉，可能对吉安市以后发展特种养殖也将起到积极的推动作用。这个荣誉应该也有您的一份功劳吧？

**饶晓剑：**很久之前，我就有一个想法，想把我们吉安市打造成中国果子狸之乡，经过这么多年的努力，中国野生动物保护协会来考察了多次，终于授予我们“中国果子狸之乡”的荣誉称号。

我记得小时候，我们这里满山遍野的果子狸，我经常看到山上的雪梨树、柿子树上趴着七八只。因为果子狸非常美味，慢慢被人们抓没了，看着野生果子狸的数量越来越少，甚至面临绝种的境地，我寝食难安，就思考如何为这些可爱的小动物保留血脉的问题。经过慢慢摸索和请教专家，我就走上了人工养殖果子狸的道路，如今养殖果子狸不仅成了我发家致富的好项目，而且还成了带动周边农户发家致富的好项目。现在，人们不用再去山里抓野生的果子狸了，我们人工养殖的果子狸一样好吃，味道和野生的没有两样，而且还可以光明正大地吃了，野生果子狸也不用担惊受怕被人们抓捕了，这也算是我为社会作了一点贡献吧！

**记者：**您的下一个发展目标是什么？

**饶晓剑：**现在我的养殖规模越来越大，目前市场行情很好，但是将来的市场好与坏谁也说不准。我在吉安市投资300多万元，创建了一家专门吃野味的高档酒店，已经注册为“江西绿山河餐饮有限公司”，将来我养殖的产品直接供应给自己的酒店，自产自销，这样的话，一是可以减轻对野味销售市场的过度依赖，二是可以看作是创办一种体验营销的新模式——在酒店里消费者既可以当场吃到我养的野味，也可以看到放在专区供现场销售的活动物，客人在我的店里吃了，如果觉得好,可以当场购买我的产品,当然也为消费者下次购买提供了信息。我想先在吉安市的酒店搞试点,如果开展得好,我将在江西省内各市发展连锁酒店,如果到时条件具备,我还争取做成一个上市企业。这就是我的目标。

很多人搞养殖,可能都想把产业做大做强,我也这样想;但是我不想发展得太快,如果现在遍地都是养果子狸的,那么市场就乱掉了,果子狸也就不值钱了。所以,我想慢慢积累实力,用五年甚至十年的时间上一个新台阶,厚积薄发,稳步发展。我要让我合作社的社员跟着我一起从养殖中赚大钱,过上好日子。

**记者:**对那些想从事特种养殖的创业者,您有什么建议?

**饶晓剑:**我相信想从事养殖的人都是怀着美好理想的。搞养殖,第一要选对养殖品种,这是重中之重。品种选错了,养得再好、再漂亮也没用,卖不出去,也没效益。选养殖品种之前一定要充分了解市场,如果不懂市场走向,盲目养殖必定会吃大亏。第二要选好购种的单位,就是一定要到有正规育种资质的养殖场购种,细心辨别育种单位,仔细了解场家的售后服务项目,签好合同后再付款买种。第三要沉下心来钻研养殖技术,不能心急,这个过程虽然枯燥,并且需要投入不少的资金、人力,但一定要坚持。对养殖的动物,要舍得投入感情和精力。我很看好麂子这个品种,开始养殖麂子时也遇到了很多难题,之所以能养殖成功,就是因为我把麂子当亲人一样对待,仔细观察它的生活习性,碰到自己解决不了的问题,就随时记下来及时请教专家。现在,在麂子的养殖方面,我可以说是得心应手了。

# 3

# 加工

# 3.1 在深加工和新品种培育中闯出的创业别样路

## ——访江西博君生态农业开发有限公司董事长 朱博

**编者按：**在江西省南城县，有一家科技型农产品加工龙头企业——江西博君生态农业开发有限公司，公司院子里有一个不大的"果树园"，里面种有枣、柑、橘、梨等数十种果树，每种果树又有许多品种。这"果树园"是该公司董事长、农学博士朱博的"宝贝"。每天一有空，他就会在这儿溜达一番，东瞧瞧、西看看，并琢磨着如何对果树进一步改良的问题，以培育出品质更优良、特色更鲜明的新品种。"眼下，我正从鲜枣、蜜橘、野生猕猴桃中选育新的优良品种，并建立自己的示范基地，为农民种植特色果树提供新品种。"作为共青团中央及农业部授予的"全国农村致富带头人"、入选中组部"万人计划"名单、科技部全国创新创业人才的朱博，眼光已不再局限在这小小的"果树园"里了。集这么多荣誉于一身的朱博到底是一个什么样的人，他的创业思路与一般人的不同之处在哪？请看他是如何回答的。

**记者：**朱总，据我了解，您从2006年开始兴办江西博君生态农业开发有限公司。在这短短的9年时间里，您将一个小小的农业企业发展成了今天的集农产品种植、科研、加工、贸易于一体的国家高新技术企业及省级农业产业化的龙头企

业。请您简要介绍一下这一路让您记忆深刻的经历。

**朱博：**九年来，我公司一直按照"科技为先导、创新求发展"的目标，不断加大科技创新投入、壮大研发团队，从种200多亩柑橘树开始，将一家注册400万元的中小型农业企业发展成为拥有40多个特色果树品种资源、30多项自主知识产权、果园面积达到1万多亩、年产值达3000万元的国家高新技术企业和省级农业产业化龙头企业。我为什么会从单纯种植果树转到现在的集种植、加工和品种研发的道路上来呢？这里面有一段故事。2008年，我公司种的柑橘丰收了。当时，我们都沉醉在丰收的喜悦中，但是那年柑橘卖不出去，最低时1公斤只能卖1元，这个价格连种柑橘的肥料和工钱都不够。最后亏了，给我的打击很大。那个时候我就下决心要寻找一条可行的加工和销售的路子出来。

经反复调研，公司决定投资高技术含量、高附加值的果品深加工项目，从而提高果品的综合效益。为了寻找合适的果品深加工项目和加工技术，公司从2008年开始多次派人拜访南昌大学、江西农业大学、江西省农科院、国家柑橘加工技术研发中心的食品专家，根据专家提出的蜜橘加工意见和对果醋市场的调查，公司选择了将蜜橘加工为果糕、果醋两大项目，并将其作为延伸蜜橘产业链的入口。2009年，公司又先后到山西、山东等地考查果醋加工项目。另外，公司引进南昌大学食品化工专业的优秀毕业生加盟，进行自主开发技术，通过不同发酵工艺和不同酵母菌的对比试验，找到了适合南城本地生产的酵母菌和半连续液态深层发酵工艺，解决了蜜橘果小剥皮难、机械自动化程度低以及果汁有苦味的问题。在生产中我公司开发出的配方和先进工艺，均已获得了发明专利。目前，公司生产的蜜橘果糕已经销往全国各地，业绩喜人。

**记者：**在创业过程中，一个人的力量是有限的，很多时候需要"借力发展、借智发展"。据我了解，您与中国农科院、南昌大学、江西农业大学有很好的合作关系，甚至与世界上一些发达国家的农业专家也有很好的交流。在这方面，虽然有许多创业者也想实现这种与专家的联动关系，借助专家的智力和资源来助推企业的发展，但往往不知道如何下手。请您谈谈这方面的经验，要如何操作才能联系上专家并利用好专家的资源?

**朱博:**做农业尤其是现代农业,一定要有技术支撑,而农业院校和农业科研单位就是我们最好的智力、技术依托。除此之外,还可以通过阅读相关杂志、上农业信息网等了解信息和技术。为了找到专业老师解答问题,我经常参加各种学术交流、培训、会议等,一是通过这些活动丰富自己的知识和拓宽信息来源,二是结识专家、学者。虽然科研院所和大学里的专家、教授也非常欢迎我们去向他们请教,但通过参加活动结识专家、教授以后,有了见面沟通和感情交流,咨询问题可以更便捷,针对性也更强。否则,如果平时没有资源积累,全国那么多的机构,我们基层人员真有了问题时,一下也不知道去哪咨询。我不仅经常通过各种方式向专家咨询,而且我还与一些科研单位建立了项目研究的合作关系。我县具有丰富的野生猕猴桃资源,我就利用这个优势与江西农业大学的专家共同进行这方面的研究,每年江西农业大学的教授都要带研究生到我县来采集野生猕猴桃资源和观察它们的生长情况。与专家接触,我们能在不知不觉中学到很多知识,因为专家的视野开阔,站在先进技术的前沿,有些事情我们自己老想可能都不知其所以然,但经专家一解答可能就通了。当然,专家也希望与我们一线的从业者打交道,因为这样可以让他们了解更多在实践中层出不穷的问题,让他们的研究更有方向和研究出来的技术更能在实践中发挥作用。现在我已经认识很多专家了,也与很多专家成了好朋友,很多时候有什么问题打个电话就可以了。

**记者:**贵公司目前的主导农产品有哪些?

**朱博:**我公司目前生产的主要农产品有蜜橘、麻姑鲜枣和猕猴桃。麻姑鲜枣是我县的一个特色品种,也是江西省唯一被正式认定的枣类新品种。对于农业企业而言,拥有良种优苗至关重要,我公司对此十分重视。南城县栽培枣类的历史有近千年,品种有酸枣、半边红等,但一直以来仅限于零星种植,不成规模,更没有形成品牌优势。我公司在县农业部门的帮助下,牵头成立了麻姑鲜枣研究所,与江西农业大学共同对南城本土枣类品种进行攻关,通过从北方引进新品种和对半边红、酸枣等我们当地鲜枣品种进行对照、筛选、嫁接,培育了"麻姑 1 号"这一适

合南方栽培的枣类新品种。2011 年,“麻姑 1 号”获国家地理标志产品保护;2012 年,获江西省农作物品种审定委员会认定通过,成为全省到目前为止唯一通过审定认可的枣类品种。俗话说:“十枣九裂。”枣会发裂是鲜食枣的“硬伤”。现在,我们又发现了两个不会裂果的种质资源,正在做培育筛选工作,一旦选育成功,则这一“硬伤”就能轻松“治愈”。除了枣子新品种的选育进展顺利外,我公司还发现 4 个品质优良的猕猴桃单株。其中有一个单株,雌株所结果实大而长,极易剥皮,果肉墨绿色,维生素 C 含量极高;雄株开的花呈粉红色且花量多,有极大的观赏价值。

**记者:**现在生产产品似乎并不难,但建立通往市场的牢固渠道却不易。您对此是如何看的?

**朱博:**的确是这样。现在是产品极大丰富的时代,在买方市场的条件下,注定想建立稳定的销售渠道不是那么容易的事。在销售环节,我坚持两条:一是顺价销售不求暴利,只要利润还可以就销。二是讲求诚信,只要签订了合同,不管合同执行期间市场行情发生多大变化,即使价格暴涨也坚持按合同执行,不中途变卦。当然,为了规避市场剧烈波动的风险,我们公司做的是全产业链,从生产、储藏、加工到销售全程贯通,既可以鲜销果品,如果上市时正好市场低迷也可以储藏后销售,更重要的是我公司还可以通过加工成新产品后销售。当然,如果把握得好,加工环节的利润确实是比较高的。

**记者:**据我所知,贵公司的农产品加工产品不少,请您介绍一下具体有哪些?这些产品又有哪些特色?

**朱博:**我公司的加工产品主要有南丰蜜橘果醋、南丰蜜橘糕、果酒、果泥、麻姑仙枣糕等,现在还在开发将果渣加工成饲料添加剂等。果醋和果糕是我们公司当前的主打产品,也都属国家发明专利产品,现已销往国内 20 多个城市。南丰蜜橘果醋和果糕,是以南丰蜜橘“等外果”为原料,经过一系列工艺过程生产的产品,最大的优势是解决了南丰蜜橘“等外果”卖不上价、经济效益低的问题。不管如何管理,南丰蜜橘在生产过程中一般都会产生 20% 左右的“等外果”,这种果没有卖相,但是果肉和果汁品质没有问题,我公司就通过将其果肉加工为果糕、果汁加工为果醋,很好地解决了“等外果”卖难的问题。另外,用南丰蜜橘为原料生产的果醋产品,保健价值比较大,有软化血管、调节酸碱平衡、增强身体免疫力的功效,所以在市场上也很受欢迎。

**记者:**初级产品往往利润薄,加工环节和中间的销售环节利润空间一般比较大。您大力发展加工产品的初衷也是基于这个目的吧?

**朱博:**是的。目的就是提高农产品的附加值。初级加工产品技术简单,不仅利润低,而且竞争激烈。现在要在加工领域取得比较好的效益,就一定要在高、精、尖方面下功夫,引进先进的加工设施和技术,生产营养健康的产品,只有这样才能在激烈的市场竞争中取得成功。

**记者:**在资源的循环利用方面,您做了哪些尝试?又取得了哪些成绩呢?

**朱博:**除了生产,在科研方面我的重点是对南丰蜜橘的深加工进行系统研究。对于南丰蜜橘,我的目标是将其“吃干榨尽”,尽力发挥它的最大效益。将从果园采回的果实通过分级设备分级,适宜鲜销的果实用于直接供应市场;不适宜鲜销的果实叫“等外果”,我们将其用于加工,经过选果、清洗后进行榨汁,果肉用于加工果糕、果汁用于发酵生产果醋、果渣通过发酵用于加工成动物饲料添加剂,然后实现猪粪生产沼气、沼气作为能源、沼液作为种植果树的肥料的资源循环利用。

**记者:**您对企业的发展目标和理念是什么?

**朱博:**我们企业的发展目标是在南丰蜜橘上做全产业链,完成从品种选育、种植、加工到销售的全产业链建设。我的理念是追求严谨,不断创新,以科学家的思维经营企业。

## 3.2 井冈豆皮飘出创业新路

——访江西省遂川县生源食品厂厂长　刘南斗

**编者按:**又到了春花烂漫、万木葱茏的季节。在大家都忙于谋划一年的创业之计时,作为记者的我们也同样计划着给读者朋友送去新年创业的经验。想创业是很多人都有的冲动,但“如何创业”却又是很多人在冲动之后的迷惘。俗话说:“隔行如隔山。”比较稳妥的创业还是从自己熟悉的行业开始,这样既可以节省投资又可以较大程度地规避风险。下面采访的主人公就是利用祖传的技术、采用现代的设备进行创业的。

**记者:**刚才到现场看了您的生产车间,规模虽然不大,但在全国农民创业的大队伍中却也很有代表性。您回顾一下走过的创业路程,一定有很多想说的话吧?请您谈谈自己的创业经历。

**刘南斗:**说实话,回顾创业走过的路,我的内心总是不易平静。对我来说,虽然现在的生产规模还不算大,但是已经算是很不容易的了,对目前的状况我也感到满意。我是土生土长的农村人,也没有读过多少书。初中毕业后,懵里懵懂地跟着同伴去外面打工,那时总觉得打工很好玩,既可以体验大城市的繁华,又可以有自己支配的收入。那时也非常时兴外出打工,但对我来说是乘兴而去、遗憾而回,真正体验了一下"理想很圆满,现实很骨感"的味道。在打工的几年中,让我感到没有文化的苦处,稍微有点科技含量的工作就没有我的份,只好做一些杂活,脏累差的工作天天重复做,生活条件不仅差得出乎我的想象,而且饮食习惯也难以适应。都市的繁华、生活的惬意虽然让我羡慕,但都似乎离我太遥远。在这种情况下,我又非常渴望在家乡的日子了。在家人的劝说下,我最后放弃了再去打工的想法,从那以后就一心一意跟着父母做起了井冈豆皮。井冈豆皮那时也不叫这个名儿,而是叫豆腐管子,是我们的地方特产,具有很久的历史了。我家的手艺也是祖上一代一代传下来的。学技术活是很辛苦的,在家我排行老小,姐姐都已出嫁、哥哥也已成家,爸爸妈妈身体又不算好,那时也还没发现有现在的电动磨浆机,豆浆都是靠人工用石磨磨出来的。推石磨是一项非常繁重的体力劳动,而且效率很低,每天早上天没亮就要起来推磨,刚开始与我父亲一起磨,一年之后我才能单独操作。说实话,要不是有出外打工的艰苦经历,我真无法坚持下来。

**记者:**听了您刚才的介绍,很为你这种执着的精神所感动。外出打工也好,在家创业也罢,最让您记忆深刻的事是什么?

**刘南斗:**最深刻的记忆是刚开始采用较为现代的设备加工时,我对那些蒸汽设备、磨浆机非常陌生,整天提心吊胆生怕哪儿出问题。每天凌晨起来烧锅炉,一直盯着气压表看,等气压到了正常值后再去开动磨浆机磨浆,然后教工人如何切割豆皮和烘烤,到了晚上人家都休息了,我却还要联系物流公司送货。那时做得真是好累呀!

**记者:**在您的创业生涯中,您碰到的最大困难是什么?

**刘南斗:**我创业遇到的最大困难就是如何突破传统做法创新加工工艺。因为我是一个不怎么安分的人,做事总想精益求精,也被人说成是喜欢瞎折腾的人。生产豆皮,传统的方法不仅劳动强度大,而且生产效率低、出皮率不高。我就总想改进生产工艺,经常看着这些古老的生产设备发愣,琢磨如何减轻劳动强度和提高生产效率成了我脑袋中挥之不去的影子,可当时我身边又没有可以参考和模仿的样板,加上经济实力又很弱,就只能靠自己对已有设备进行改进和摸索。我就

是这样一路走过来的，才做成现在这个样子。通过不断探索，现在生产效率是有了很大提高，2008年小作坊形式生产，一天加工完50公斤大豆的豆皮要10个人，现在一天加工完750公斤大豆的豆皮只要20个人就可以了，工效提高了6倍多。另外，由于不断地革新生产工艺，现在产量也越来越高，质量也越来越稳定。

"学如逆水行舟"，其实创业也如逆水行舟，没有创新就势必落后。我正在思考的事就是如何赋予豆皮更高的附加值，细分市场，向功能食品迈进。因为大豆本来就是营养丰富的食品，由大豆衍生出来的豆皮尤其适宜老年人、孕妇、儿童和身体虚弱的人食用，我想针对这些特定人群生产出特定产品来满足他们的需要。

**记者：**办豆皮厂需要哪些手续？是否复杂？

**刘南斗：**豆皮是入口的东西，对卫生要求特别高。建豆皮厂有四个手续是必须办的，一是工商营业执照，二是税务登记证，三是食品卫生经营许可证，四是从业人员的健康证。现在办食品卫生经营许可证不容易批，因为食品企业对厂房、产品质量、安全管理和卫生等方面的要求都很严格，只有这些条件都达标才有可能获得行政部门的批准。当然，这也是必须的，因为食品关系到消费者的健康问题。

**记者：**您是怎么想到要办豆皮厂的呢？

**刘南斗：**豆皮生产有两个特点：一是卫生标准要求高，二是属于劳动密集型生产。如果只是小作坊式生产，一是产品很难达到卫生标准，二是效率低下，三是赢利能力低。只有实行工厂化生产才能实行标准化管理，做到每个环节都有专人监督和考核，也才能实现产品质量的稳定和货源的充足。这是保证产品质量和稳定销售市场的必然要求，也只有这样才能树立品牌和取得较好的效益。

**记者：**豆皮的营养价值主要体现在哪些方面？

**刘南斗：**豆皮，是豆浆煮沸后表面凝固的薄膜经干燥所得的产物。据营养学资料表明，每100克豆浆、豆腐、豆皮的蛋白质含量分别为1.8克、8.1克、44.6克，而水分含量则是96克、82.8克、7.9克。不难看出，豆皮含蛋白质丰富而含水量少，这与它在制作过程中浓缩了豆浆中的营养有关。豆皮具有良好的健脑作用，它能预防老年痴呆症的发生，这是因为豆皮中谷氨酸含量很高，是其他豆类产品或动物性食物的2~5倍，而谷氨酸在大脑活动中起着重要作用。此外，豆皮中所含有的磷脂等还能降低血液中胆固醇含量，有防止高脂血症、动脉硬化的效果，还有清热润肺、消痰止咳的功效。

**记者**：您现在的生产规模有多大？年效益有多少呢？

**刘南斗**：目前，我的工厂有磨浆车间、制皮车间、烘干车间、包装车间等，生产工人四五十人，可日产井冈豆皮500公斤，一个月生产成品12~15吨，一年下来纯利润在60万~70万元。

**记者**：作为一个小型生产工厂，往往要面临如何才能打开产品销路的问题。您是如何营销的？

**刘南斗**：关于销售的问题，确实是一个令很多生产者苦恼的问题，因为生产的产品只有实现销售才能收回投资和实现利润。很早以前，井冈豆皮的销售市场主要集中在我们县城及周边地区，是一种地域性很强的食品，它与腐竹其实也是属于同种类型的食品，只是形态、口感不同而已。对于这样一种当时来说是“养在深山众未识”的产品，要打开市场还确实是不容易的，我也为此进行了许多尝试。首先是到旅游景区摆摊销售和免费提供给餐馆让顾客试吃，我们离井冈山比较近，井冈山作为红色旅游的重点景区，尤其是夏、秋季节游人如织。因此，我首选的销售地点就是井冈山，那时我顶着炎热的太阳，整天在井冈山市场叫卖，面对到这里旅游的厨师，我还热情主动地将烹饪方法教给他们，并请他们到与我合作的餐馆免费学习制作方法和品尝，也有现场吃了之后觉得味道独特就买了带回去的。这种营销方式起到了很好的效果，慢慢地知道井冈豆皮的人也就越来越多了，井冈山豆皮的名气也就越来越大了。现在，就我的产量来说是不愁销售了，我已经有一批稳定的客户来代理销售我的产品。当然，社会在发展，销售的方式也在不断更新，如果只守住这种传统的销售方式不放，最终肯定会被市场淘汰，所以近来我也投了一点资金想建立自己的网络销售平台，但就目前的效果来说，还微乎其微，还需要不断探索。

**记者**:生产豆皮,副产品有不少。对这些副产品您是如何处理的?

**刘南斗**:在我们生产豆皮的过程中,每天都要产生很多的豆腐渣和取完豆皮后的浆水。有些人看不起这些副产品,随意处置,既污染了环境又损失了不少钱财。其实,创业是一项非常细致的活,不仅要注意每个环节的衔接,还要注意防止各个环节的跑冒滴漏的问题。只有防微杜渐,节省每一分钱、利用好每一项物资,才能做到效益最大化。处理豆腐渣的方法有好多种,就我厂来说,是把它卖给养猪场。每天下来我厂会产生豆腐渣1吨多,我与养猪场签订了供货协议,常年以每吨240元的价格供应给它,一天可以卖300元左右,一年收入有10万多元。为了充分利用剩下的浆水,我又承包了几口鱼塘,将一部分浆水用来养鱼(主要是鲢、鳙鱼),再将剩余的浆水卖给养猪老板,这样养鱼能有不错的收益,一天卖浆水又有30~40元的收入。对我这样的小企业来说,一年下来产生的效益也很可观。其实节省成本的办法还有不少,比如燃料问题,有烧煤的,也有烧木柴的,但我都不烧,而是烧竹屑。井冈山以生产翠竹出名,竹制品加工企业有好多,每天都会产生大量的竹屑,这些竹屑需要寻找市场消化。通过比较,我发现同样重量的竹屑与木柴产生的热量是差不多的,但竹屑的价格却只有木柴价格的三分之一,光燃料这一项,一年下来我也要节约不少成本呢。

**记者**:您的梦想是什么?您认为现在靠近您的梦想了吗?

**刘南斗**:我的梦想是希望想品尝井冈豆皮的人都能尝到,同时也希望这个产业越做越大,也想更好地通过这个产业带动我身边的人增加收入,让大家过上美好的生活,同时也希望把我的"裕盛井冈豆皮"做成名扬全国的名牌产品。说实话,现在的情况离我的梦想还很遥远。

**记者**:您认为文化水平不高的农民创业,最需要注意什么?

**刘南斗**:经过这么多年的创业,我觉得创业最需要注意以下几点:一是要选择自己熟悉的行业;二是最好结合本地的特色;三是要注意亲力亲为,小本创业不能当甩手掌柜;四是要有诚信,要重合同、守信用,要坚持以诚信为本,踏踏实实做人、勤勤恳恳做事。

# 3.3 创业的心思从红彤彤的辣椒中飘出

——访丰城市熊二老家菜食品有限公司总经理　熊思权

**编者按：**辣椒为常见的蔬菜和调味品，具有一定的驱寒、止痢、增强食欲、促进消化的作用。因此，在日常菜谱中加入一点辣椒，对身体的健康大有益处。不少人都有自己动手制作辣椒酱，作为开胃小菜和配菜食用的习惯。记者没想到的是，这平常之物却承载着有些人的大梦想。下面访谈的主人公丰城市熊二老家菜食品有限公司总经理熊思权就是如此，他把小小辣椒做成了致富椒，将文化理念和创业梦想融合于产品中，推出了"妈妈的味道"系列辣椒酱。记者与熊思权最初是通过微信联系的，通过沟通，记者了解到他非常期待记者前去采访。直至采访的前一天，他告诉记者说来南昌办事了。于是记者一行就趁着薄薄的暮色搭着他的便车来到江西省丰城市，第二天一大早便参观了他的公司并对他进行了采访。下面就让我们一起听听他的创业经历、经营理念以及他与辣椒有着什么样的故事吧！

**记者：**熊总，您能介绍一下是什么原因促使您走上创业之路的吗？

**熊思权：**我是江西省丰城市同田乡熊家岗村的一名村民，小时候因家境贫寒，中学毕业后便外出打工，那时在一家电子厂当工人。2005 年我结婚了，为了缓解

家里经济拮据的情况,我白天上班,晚上去当地的繁华地段摆地摊卖袜子。虽然那时候每月的收入还不错,但由于我常年在外,父母、妻子对我的牵挂,随着女儿的出生更加强烈,加上我是家中的独子,于是,2008 年年底我终止打工回到家乡做了一名司机。日子虽然过得不算很富裕,但也算幸福安逸。不过这样的生活,在 2012 年 9 月的一天被我犯的一个错误打乱了。由于我一时冲动,在与别人发生纠纷时,采取了违反法律的行为。事情发生后,我很害怕。为了躲避惩罚,我选择了潜逃。在长达 3 个多月的漂泊日子里,我内心很受煎熬,也很思念家人。于是,我决定回到家乡,坦然面对自己的不当行为的后果。回到家乡后,在公安部门的介入下,纠纷很快得到了顺利解决,情况也远没有我想得那么严重。再次享受到天伦之乐后,我倍感珍惜这种生活,这促使我想在家乡做一份稳当的事。当时的想法就是开个小餐馆,因为我觉得开小餐馆投资小、成本回收期短、易操作、风险小。

**记者:**在创业路上难免会遇上或大或小的挫折,您遇到的挫折是什么?

**熊思权:**创业路上有苦有甜,要说记忆最深刻的就是开餐馆的那段经历了。最初我提出开餐馆,家人都表示反对。因为在那之前,我几乎没进过厨房,更没炒过菜。可尽管如此,在我的坚持和反复劝说下,最终得到了家人的理解和支持。说干就干,我的餐馆就这样开起来了。我明白要开餐馆必须克服不会炒菜、不会配菜等困难。于是,我努力钻研厨艺。我有个“发小”是开餐馆的,我就跟着他学。师傅领进门,修行靠个人。然而,现实并没有想象中那么美好。刚开始,虽然我每天起早贪黑,但餐馆的生意却不怎么样,每天营业额只有三四百元。剔除原材料和店面租金等开支后,根本没有剩钱,我很纠结。周围人也纷纷劝我放弃,但我不想就那么放弃。

于是我分析原因,在当地进行市场调查。结果发现,很多生意好的店都有自己的特色产品,而我家的店却没有。为了站稳市场,结合市场需求,我决定从豆浆开始。因为我发现市场上的豆浆要么是机器加工出来的,要么是豆浆粉泡的,口感差,也不健康。这时,我想起了小时候用石磨磨出来的豆浆,口感丝丝润滑,可口香甜。因此，与家人商量后，我便从老家搬来了石磨，用传统方法打磨豆浆。后来，我又将手推石磨改成电动石磨。消费者也普遍反映我做的豆浆口感细腻、清淳。而豆浆油条是绝配，我又开始学习制作油条。一边找师傅学习，一边到网上找资料自学。利用不同的配方、反复试验，一个多月之后，我终于炸出了无明矾绿色放心油条。餐馆增加了豆浆、油条这两个产品之后，生意有了明显的起色，利润也大大提高了。也正是从那时起，我的生活有了很大的改善。每当想起开餐馆的这段经历就让我对未来充满信心。

**记者：**餐馆开得还不错，那又是什么原因促使您放弃开餐馆转向做酱菜的呢？您的酱菜取名"妈妈的味道"，在取名上面您有什么故事可以和我们分享吗？

**熊思权：**我发现我母亲加工的辣椒酱、豆腐乳、萝卜干等一些纯手工小菜，特别受来店里消费的顾客青睐，甚至不少顾客吃完后还提出购买的要求。于是，我就试着把这些小菜放到微信朋友圈里面卖，慢慢的，生意越做越大。我意识到这里面应该会有商机，也就萌生了将妈妈做的酱菜传承与发扬光大的念想。于是，我便决定注册公司与商标，办生产许可证，走规范化生产酱菜之路。

我之所以给酱菜取名"妈妈的味道"，那是因为我从小就吃着妈妈做的酱菜长大。尤其是离家在外的日子，吃到熟悉的味道让我感受到妈妈的关爱、家的温暖，有种难以言喻的安全感和幸福感。所以，我就想把这样的美好感觉传达给更多人，让那些妈妈不在身边的人，无论走到哪里都能尝到"妈妈的味道"，也让更多爱吃酱菜的人吃得健康与放心。

**记者：**据我了解，酱菜在市场上的种类繁多，目前您生产的酱菜主要有哪些品种？

**熊思权：**目前我生产的产品主要有猪肉辣椒酱和萝卜干辣椒酱两个品种六个产品。猪肉辣椒酱属于中微辣，符合大众口味；而萝卜干辣椒酱是特意为喜爱吃辣的人精心打造的较辣的一款产品。目前有 160 克、80 克、30 克的包装，既有普通简易装，也有高端礼品装。

对于任何产品来说，要想走得长远，品质永远是摆在第一位的。产品品质必

须从源头抓起,而细节往往在决定产品品质方面起着关键性作用。尤其是作为直接入口的食品,首先应该保证的就是干净卫生,任何一个环节都要做到符合安全卫生的要求。为了保证产品的品质,从厂址的选取到食材的选用以及加工环节的技术要点,我都非常注意。我公司坐落在丰城市同田乡熊家岗村村口的山坳上,远离居民区和工厂污染源,是一个风景优美的"干净"区。生产车间任何时候都保持一尘不染,辣椒酱的生产是在一个相对无菌的环境中操作,不仅进入车间操作的工作人员统一着装,戴帽子、手套、口罩,穿专用鞋子,严格按照无菌化生产安全食品的标准生产,而且所有原料都严格把关,油是用著名厂家生产的 5 升瓶装油,豆豉是经过人工一粒粒精选,猪肉是从菜市场购买当天宰杀的新鲜优质肉,辣椒是从原产基地直接购买的优质椒。此外,在生产过程中不添加任何食品添加剂。比如,熊二辣椒酱的香味不是来源于食用香精,而是来源于大葱、姜、蒜、洋葱等食材。我生产的辣椒酱熬制时间长达四五个小时。我坚信只要产品质量好,消费者就一定能品出它的特别之处。

**记者:**您的产品主要销往哪些地方呢?

**熊思权:**关于营销,我认为现在是"酒香也怕巷子深"的年代,所以我尽量通过各种渠道宣传与推广自己的产品,经常参加食品博览会,在各个居民区举办优惠售卖活动,将产品入驻超市和土特产店,在 QQ 群和微信朋友圈里宣传等。销售方式采取的也是线上线下齐发展的模式。目前,通过媒体的宣传、消费者的口头传播,产品已经受到消费者的喜欢,产品销得很好,主要销往北京、上海、黑龙江、广东、浙江、福建、湖北等地。

**记者:**对于未来事业的发展,您的规划是什么?

**熊思权:**我的目标是实现产品品牌化生产,将熊二辣椒酱的生产工艺传播出去,让更多人从中获益;打造一个供人们休闲、娱乐于一体的农庄。下一步我计划先实现食材的自给自足,在基地种上辣椒、油菜、大蒜、生姜、大葱、萝卜等。随着种植规模的进一步扩大,提供场所让消费者体验采摘与制作辣椒酱的乐趣。

**记者:**对于想创业的朋友,你有什么想说的话吗?

**熊思权:**第一,学会感恩。感恩是一个人应有的基本品质,也是一切动力的源泉。第二,积极努力。俗话说:"越努力越幸福。"不管做什么事情,想把它做好就必须全身心的投入,付出努力。第三,要有强大的信念。认准目标,遇到问题不抱怨、不放弃,坚信梦想一定会有实现的一天。第四,讲诚信。没有诚信,便意味着没有未来。

**编后记:**为人真诚善良、踏实淳朴,是熊思权给记者最深的印象。很多人眼中的苦,在这个庄稼汉看来却觉得不算什么苦。当他刚开始创业时,面对周围人的讥讽和嘲笑,他并没有放在心上,而是执着地坚持着自己的梦想,不断钻研。为了生产出口感佳的豆浆,他反复研究豆子的浸泡时间、煮豆浆的火候,不断改良磨浆设备;为了炸出无添加剂的放心油条,他不停摸索面粉和水的比例,连续试验 40 多天,每天只睡三四个小时;为了寻找更好的食材,生产出优质辣椒酱,他短短 1 周跑了 4 个省份,马不停蹄地奔波,来回穿梭于辣椒原产基地与火车站之间。他强调,生产中每一个环节都要严格把控要点,如温度的高低、火的大小、油的选用……他如数家珍一般娓娓道来。这种细微之处准确流畅的表达,没有实践经验和深刻体会的人是不可能做到的。记者注意到,熊思权讲这些经历的时候,他眼睛里似乎放着光,有点腼腆的他那一刻由内而外流露出一种自信和快乐。记者惊叹和钦佩他那坚强的毅力以及吃苦耐劳、永不言弃的品质,同时也深深地被他的"工匠"气息所感染。采访之中他说的最多的就是感谢感恩之语,讲到帮助过自己的人时,他几度哽咽。他说不管未来如何,永远不会忘记一路走来给予他帮助和支持的人。他还说,今天的熊二食品不仅仅是产品,而且还寄托着一份责任和感恩。记者祝愿熊思权和他的熊二老家菜食品有限公司的未来越来越美好!

# 3.4 成功源自勇于尝试

——访江西省遂川新鹭食品有限公司总经理 卢新平

**编者按**:江西省遂川县生态优美、物产丰饶,岭谷间茶园梯田交错,乡镇外阡陌河渠纵横,是人们所说的哪怕是插上一根扁担也会发芽的好地方。这得天独厚的洁净土壤和清纯明净的山泉水孕育出了一家食品加工企业——遂川新鹭食品有限公司。该公司前身是地方乡镇企业,后经改革变为民营企业。公司总经理卢新平经过十几年打拼,使公司由以前一家小型加工厂发展到如今拥有多个生产基地的综合性企业,完成了从单一的米酒产品到多元化系列产品,从"土枪土炮"生产到专业设备生产的华丽转身。目前,公司已成为集有机水果种植、加工和出口销售为一体的吉安市龙头企业。现在,我们就来了解卢新平总经理成功的秘诀吧!

**记者**:卢总,您好!请介绍一下公司的基本情况,好吗?

**卢新平**:遂川新鹭食品有限公司的前身是江西省吉安市堆前乡(现为镇)的乡镇企业,主要生产蜜饯和罐头食品。1986年,我就在这个乡镇企业做技术员。后经改革,这个乡镇企业变为民营企业。2006年,堆前乡政府开始招商引资,当时我已在厦门创业多年,拥有专业的果酒生产加工厂,但由于我对自己出生长大的故乡遂川有很深厚的感情，于是在乡里招商政策的召唤下，我把厦门的厂全部迁回遂川，正式成立了遂川新鹭食品有限公司。

公司主要从事有机金橘的种植，果酒、黄酒、果膏、果酱加工以及新产品的研究开发，是集科研、开发、生产、销售为一体的高新技术企业。主要产品有金橘系列酒、糯米酒、黄酒，金橘果酱、红糖黄姜膏、雪梨膏、杨梅膏、枇杷膏、柠檬膏等。2007 年，我公司被评为吉安市农业产业化龙头企业，公司的金橘生产基地被评为“全国绿色食品原料（金桔）标准化生产基地”。公司成立以来，承担了多项科研项目，其中“金橘白兰地酒技术开发”项目荣获 2009 年吉安市科学技术进步二等奖；“金桔白兰地酒加工方法”已获得国家发明专利。公司研发的高档金橘白兰地酒荣获了 2009 年江西省优秀科技新产品奖；2010 年 11 月，我公司获得了由中国果品流通协会颁发的“中国金桔产业发展突出贡献奖”。

**记者：**我了解到您为了打开产品销售市场，曾带着自己生产的果酒到厦门销售，结果产品很受当地消费者的喜爱。您认为产品大受欢迎的秘诀是什么？

**卢新平：**我曾经在厦门创业多年，我对厦门果酒消费者的喜好有一定的了解。记得当年，我在厦门生产果酒时，酒刚刚出厂就被抢购一空。我认为，好产品不仅仅是监督和检测出来的，它是做出来的。我公司的系列产品有很多，有果酒系列、米酒系列、果酱系列、果膏系列等。在果酒、米酒酿造中，我公司坚持“诚实做人，良心酿酒”的理念。我的初衷很简单，我们自己的产品主要是销售给父老乡亲的，我们要对得起这些消费者，所以无论是高档酒还是低档酒，一定要确保符合国家相关食品质量卫生安全标准，绝对不允许出现一例因为产品质量而引起的纠纷。我公司的高档果酒金橘白兰地酒是经德国酿酒主蒸馏师、口味研究员，荷兰中心研究所饮料技术专业工程师 Heinrich Laber 鉴定的，金橘白兰地酒澄清、晶亮，呈金黄色至赤金色，具有陈酿的橡木香、金橘香，香气浓郁协调，口感醇和甘冽、沁润细腻，独具金橘酒的风格，其非酒精挥发物总含量比一般白兰地酒高几倍。

对于果酱系列和果膏系列产品，我公司严格把好质量和安全生产管理两大关。首先从源头着手，严格把好原材料关。比如我公司生产的枇杷膏，其生产原

料均来自我们实地考察的福建山区果园，果园建立在深山中，其保持了原生态的生长环境，枇杷种植过程中，没有施农药化肥，不用膨大剂处理，虽然枇杷果实个头小，但是风味浓、无公害，用这种原料生产出的枇杷膏吃着才放心。第二把好生产操作关。每一道工序、每一个环节都严格要求，加大抽样检查力度，确保了销售到市场的产品合格率为100%，从而保证了产品质量，使生产安全有序进行。我公司的畅销产品之一红糖黄姜膏，是采用我公司有机种植基地生产的小黄姜配以优质红糖、土蜂蜜和红枣蜜炼而成的，这款产品很受女性消费者喜爱，目前，在阿里巴巴平台上销售量与日俱增。

此外，我公司一直在不断研制开发新产品，如果饼、果糕等都在研发过程中。经过十几年的发展，我公司的产品越来越丰富，销售渠道也越来越宽，在江西、广西、四川、云南、湖北、湖南等省区销售都不错。

**记者：**对于果酒加工的小企业经营者，您有哪些心得分享？

**卢新平：**很多果酒加工企业都努力开拓本地以外市场，我却认为，稳稳当当地做好家门口市场才是企业发展的良策。有很多企业效益上去后迅速开辟外地市场，但由于在新市场没有根基或者根基不牢，往往使得产品销售非常被动，更谈不上获取利润。产品要想在市场上销得好，首先要赢得消费者的注意，其次才是培养忠诚度。光是在引起消费者的注意上，就要投入巨额的宣传、促销、公关费用，即使这样往往也很难站稳脚跟。所以，做企业不要盲目追求市场规模和市场占有率，要在保证利润的前提下稳步发展。

还有一点，我认为很重要，那就是要保证产业的良性循环，使每个环节都能健康有序地发展。举个例子，我公司有一款主打产品红糖黄姜膏，其主要生产原料之一是我们当地生产的小黄姜，小黄姜每年的收购价格都不同，有高有低。还有些年份价格超低，所谓丰产不丰收。碰上这样的年份，种植户就损失惨重，也严重打击种植户的种植积极性，来年他们就可能不会选择再种小黄姜了。对于生产企业来讲，生产原料不足就会成为严重的问题。所以，我公司制订了一个最低收购价，均是在保证种植户收入的前提下，再提升一个价格档次，确保种植户有较好的经济效益,同时也确保我公司有源源不断的原料供应。

在公司管理方面,我的建议是“以人为本、人尽其用”。要充分调动员工的积极性、增强企业的凝聚力。我公司有大面积的有机水果生产基地,基地管理者都是我从外省聘请来的专业技术人员。这些技术人员离家千里,如果他们的付出没有得到相应的回报,那么他们的潜力也很难发挥出来。我除了给予技术人员高薪之外,还实行入股制,他们每年年终参与公司分红。尊重员工的价值,让他们爱上公司,这样的管理方式可以激发员工的工作热情和责任心。

**记者:**在公司发展过程中,您都遭遇了哪些瓶颈和挫折,又是怎么克服的?

**卢新平:**中小企业发展难,这是业界共识。因为不创新就没利润,而创新投入大、时间长,却又未必被市场认可。要利润,还是要生存,是中小企业的两难选择。我是技术人员出身,对研发新产品始终有很大的热情。在研发金橘白兰地酒时,我特聘请一位多年从事酒类生产的台湾朋友一起合作研制,这位朋友熟知黄酒、白酒的生产工艺,但对果酒这一领域生产经验不足,最终以失败告终。后来,我又聘请了一位来自法国的朋友参照法国白兰地酒的生产工艺来生产金橘白兰地,因金橘中含有丰富的果胶,生产出来的白兰地酒几项指标达不到标准要求。为了解决这个难题,我跑遍各地金橘产区调查各种金橘品种的差异,收集数据,找专业机构进行营养物质含量分析。有一次去黄苍洲考察的路上,因山路崎岖,旅途劳顿,我差点摔到山下去,那次我伤到了腰,几年都没有痊愈。

在开拓产品市场的时候,也是困难重重,要知道各地都有各种地方品牌产品,开拓外地市场,必定会受到当地品牌酒商的排挤和打压,必定会经历很长时间的痛苦煎熬才有可能收获点滴成效,这漫长的过程需要去适应、坚持和扭转,个中滋味真是记忆深刻又无法言表。

**记者:**公司有哪些发展新计划?

**卢新平:**发展特色的绿色健康食品,是企业的发展出路。现在是,将来也是。对于今后的发展,我们将立足“新鹭”品牌,做好果酒、米酒、果酱、果膏产业,还要开发出更多的产品适应客户的需求。我公司将通过质量管理进一步提高产品质量,推动企业技术和管理创新,提高企业产品竞争力,增强企业实力,力争为合作客户、为社会作出更多的贡献。

# 3.5 熊国映和他的“老俵哥”瓜子

——访江西红歌食品有限公司总经理　熊国映

**编者按：**清茶一杯，瓜子一碟，闲谈生活趣事，尽享一处安然。如此曼妙时光，足以使许多人心生向往。说到吃瓜子，想起中国现代漫画家、散文家丰子恺先生，他曾说中国人人人具有三种博士头衔：拿筷子博士、吹煤头纸博士、吃瓜子博士。他在《吃瓜子》一文中写到：“我以为这三种技术中最进步最发达的，要算吃瓜子了。在世间一切食物之中，利于消磨时间的，想来想去，只有瓜子。所以我说发明吃瓜子的人是了不起的天才，而能尽量地享用瓜子的中国人，在消闲一道上，真是了不起的积极的实行家！”下面就向读者介绍这么一位当今了不起的实行家，他就是会吃瓜子、会做瓜子、将自己的满腔热情奉献给了瓜子事业、成立了江西红歌食品有限公司、创造了江西“南昌老字号”品牌“老俵哥”的熊国映。

**记者：**请介绍一下您为何选择生产瓜子作为自己奋斗的事业呢？如今，企业发展规模怎样？

**熊国映：**早在 1999 年，我毅然从国营单位出来下海经商，做起了贸易。起初以代理别人的产品为主，后来我决定做自己的品牌。我认为应该挖掘江西的地方

特色，把地方传统、健康的小美食用工业化的方式生产出来，发扬光大。于是，想来想去，决定以瓜子为切入点，就围绕瓜子生产做起了大文章。2006 年，在江西省南昌市望城新区兴业大道 8 号投资建厂，成立了一家集休闲食品研发、生产、销售为一体的专业食品公司——江西红歌食品有限公司。这一干就是 10 多年，目前企业注册资金 2600 万元。

江西红歌食品有限公司自 2006 年成立以来，作为江西省战略新型绿色食品产业的省级龙头企业，一直以"发掘具有中华特色的传统食品，弘扬本土优秀的食品文化，打造江西食品知名品牌"为宗旨，主要生产和研发"老俵哥"品牌的瓜子、花生、蔬果等休闲食品。在产品质量、品牌意识、营销理念上不断开拓创新，形成了良好的商业信誉和行业口碑。公司占地 30 亩，厂房及办公面积 8000 多平方米，生产规模年产 10000 吨，产值 24000 万元。公司品牌"老俵哥"先后被评为"南昌市知名商标""江西省著名商标"，2016 年被授予"南昌老字号"称号。"老字号"是数百年商业竞争中留下的极品，具有鲜明的地域文化特征和历史痕迹，具有独特的工艺和经营特色，是取得社会广泛认同和良好商业信誉的一种称号。它不仅是传统商业文化的象征，更是地方文化最好的载体。

**记者：**北来的车，南来的船，到了江西地界，见到江西人，都会亲切地喊一声"老表"，"老表"几乎成了江西的代名词。你们的"老俵哥"瓜子起名是否有相关的历史典故呢？

**熊国映：**是的。相传东晋著名道家人物许真君，不仅是《西游记》中四大天师的原型人物之一，千百年来也化身为"福主菩萨"，他在江西省新建县（现为区）西山修行炼丹，由于精于医道，常为人治病，福泽邻里。西山附近乡民为感其恩，常将当地传统煮制食品奉送，许真君盛赞其味美，并授草药配方，以期传播药食同源养生之理念。相传许真君 136 岁时，终于在西山得道，"举家四十余口，拔宅飞升"，由此谱写了"一人得道，鸡犬升天"的典故。后人遂在其"飞升"遗址处修建道观万寿宫，后成为道教净明忠孝道发祥地，同时药食同源的草本煮食也作为当地习俗传承下来。至明末清初，江西卖货郎熊氏行至西山，登万寿宫祭拜真君以祈福,顿悟药理养生之道,便返家研制出用于加工煮制当地盛产的瓜子、花生、蚕豆等的草本配方,其入味可口,不久便蜚声远近。由于江西人对同省乡亲都亲切地称为“老表”,当听到熊货郎走街串巷卖瓜子的叫卖声时,便戏称其卖的瓜子为“老表瓜子”,几经传承便有了“老俵哥”。这就是南昌老字号“老俵哥”瓜子的来历了。这个品牌也代表了江西老表实在、厚道。

**记者:**走进干净、整洁、有序的厂房内,看见工人们正在熟练专注地煮着瓜子。听说您一直坚持采用匠心的态度烹调美味的瓜子,那你们的产品有什么特点?又有怎样独特的工艺呢?

**熊国映:**我们生产的瓜子在配方、工艺等诸多方面都进行了创新。公司一直倡导健康养生理念,做健康产品。专注于研发传统休闲食品生产过程中的工艺和配方问题,自主研发的“休闲食品的高纯度药源香辛料及其制备方法”获得国家发明专利,产品不添加任何化学添加剂和防腐剂,绿色天然。我们的瓜子生产有以下三个特点:

(1)匠心选材。我公司面向国内外大市场,立足本地优势,依靠科技的进步,形成规模化经营;积极参与农业产业化经营,坚持企业与农户互惠互利的双赢原则;不断创新,开发新产品,与村民委员会、农业合作社、农户签定合作种植、开发协议,实行订单收购,引导农民走增收致富之路。在收购瓜子过程中,坚决不收不经过分拣的杂质多的瓜子。所有瓜子通过比重机筛选,淘汰小的、劣质的瓜子,挑选出符合我们厂生产工艺要求的老道、肉厚的瓜子,力求颗粒饱满、品质优良。

(2)百煮微压。我们的瓜子和市场上一般的瓜子不一样,一般的瓜子要炒制、抛光。我们推翻了传统炒制的概念,改炒为煮,再烘烤。首先利用自主研发的、独特的国家发明专利“休闲食品的高纯度药源香辛料”科学配比,通过现代、传统工序的相互结合,历经16小时煮制,并自创微压回香工艺,香味和滋味百分之百地渗透进瓜子,使瓜子具有不脏手、不上火、不伤牙的特点。

(3)低温烘烤。煮制后的瓜子经过低温烘烤后,性凉祛火、干净无渣、入味香甜,成为畅销美食佳品。我们通过技术改革,根据工艺流程研发了符合要求的特制生产线，大大提高了产能，并在煮制瓜子时搅拌更均匀，味道渗入也更加充分。

**记者：**贵公司一直把品牌的培育和提升作为发展的战略目标，诚信经营，不断创新，顾客至上，共赢发展。你们除了做瓜子外，今后还打算做什么？产品有哪些延伸？营销方式有哪些？

**熊国映：**红歌公司一直以来把质量视为企业的生命，从原料的采购、工艺配方、生产流程、物流各个环节对质量进行严格控制，制订了一整套科学完整的质量检测体系和质量管理制度，确保产品品质的安全与口味的纯正。在应对激烈的市场竞争中，公司组建了一支由20多位年轻、有活力、高素质的人员组成的专业营销队伍。通过直营店+代理商+互联网的多种渠道联合销售。以前我们营销以商场为主，如今改变营销思路，实现了销售渠道多元化，由以前的直营KA大型商超转变为经销商代理，积极开拓市场，发展区域经销商。2016年大力发展电子商务销售平台，目前已经与阿里巴巴、淘宝网、天猫商城、工行融E购商城、百度糯米等互联网商务平台建立了合作关系。销售渠道从商超流通向电商渠道发展，做到全网营销；传统销售渠道从目前的江西、湖北、福建逐步向全国推进，做好渠道的精耕细作和精准化营销。

消费者需求是企业努力的方向，我们今后不仅仅是生产瓜子，还将生产花生、黄豆、青豆、茄子干等等。恰到好处地运用我们的工艺配方不断创新产品。比如，现在市场上许多豆类小制品都是油炸的，因为非油炸不酥松。我们这条生产线可瞬间使温度达到200℃，直接通过烘干达到豆类酥松的效果。

我觉得，创新不一定要拿出一个大产品，在细节上下功夫、让产品再次提升往往更见成效。

今后我们还将通过科技协同体平台研发试制香辛料配方，到时就能像超市的一小袋料酒那样，把专利产品配方卖出去，帮助更多的人通过加工瓜子走上致富道路。

**记者：**如今很少家庭会自己煮瓜子了，大都是到市场上去买。在江西丰城县（现为市）志里就提到五香瓜子，你们在保护物质文化遗产方面应该算是做出了很大的贡献。那我们现在买瓜子要注意些什么呢?

**熊国映:**如今的坚果市场,进口的坚果占据了半壁江山,以前都是瓜子、花生、豆子等。其实,真正健康的产品还是咱中国的这些老产品。

我们一直坚持做绿色、健康、放心、无添加剂的休闲产品。很多炒货店销售的瓜子都是散装的,这样的瓜子品质难保证,有的不法商家为降低成本用工业盐生产,有色瓜子或外表光滑发亮的瓜子也不要买,多是非法添加了滑石粉。很多多味瓜子都与添加香精香料有关,严重的添加量会超标,所以购买瓜子时,要选择正规厂家生产的产品。

**记者:**每个创业人士的背后都有一些说不出的艰辛和困难,您在创业过程中也一定遇到过困难吧?

**熊国映:**的确碰到了很大的困难。对于民营企业来说,企业的每一步都不能走错,稍有差池就可能给企业带来灾难。几年前,由于太想发展壮大我们的企业,与别的企业互相担保贷款而身陷担保债务漩涡。为了做一个有责任、有诚信的企业,无论前面有什么荆棘,我都必将坚持下去,不让这个品牌倒下。财富是从消费者口中一点点积攒起来的。只要我们认真做好企业,让消费者认可"老俵哥"品牌产品,我就有信心继续将"老俵哥"重新发展起来。

# 4 综合

# 4.1 社区农庄：可视化生产引导创业新模式

——访江西省首家CSA可视化农业示范基地总经理　刘湖滨

**编者按**：进入网络时代后，许多事情都发生了颠覆性的变化。"互联网+"的意思就是将互联网与传统行业相结合，促进各行各业的产业发展，它代表一种新的经济形态，即充分发挥互联网在生产要素配置中的优化和集成作用，将互联网的创新成果深度融合于经济社会各领域之中，提升实体经济的创新力和生产力，形成更广泛的以互联网为基础设施和实现工具的经济发展新形态。在"互联网+"的时代，让以前很多不可想象的事情变得简单了，利用互联网成事立业的人群也在不断猛涨。那么，这些人是如何利用和发挥互联网的优势的呢？现在就让我们走进年轻一代的创业庄园去感受一下他们的创业行动和理念吧！

**记者**：创业是一个艰苦活，在农业领域里创业就更是艰苦中的艰苦活。农业创业不仅是对创业者精神上的一种挑战，更是对身体的一种挑战。作为在"温室里长大的一代"，您选择农业创业的勇气是从哪儿来的呢？

**刘湖滨**：我来自农村，从小家庭条件就比较艰苦。从我懂事起到读大学，只要在家就要帮父母做家务、干农活，这个过程是非常辛苦的。读书以后，每次暑假结

束，我整个人都要黑一圈。虽然从小到大在农村吃了那么多的苦，但是农村以及农民那种淳朴的气息依然一直深深地吸引着我。

我是1989年12月出生的，家里还有一个比我大两岁的哥哥。俗话说：穷人家的孩子早当家！父母每次干农活的时候，我们兄弟都是跟着去的。我6岁开始帮家里干农活、做家务。每年暑假双抢时节，妈妈负责割稻子，我和哥哥就负责抱稻子给爸爸脱谷粒，十几亩水稻的收种都是靠自己人工完成，可以说我小时候就是在稻田里长大的。虽然后来我读了大学，也在城市里找到了工作，但我小时候的这些经历对我的意志是极大的磨炼。

2008年，我考入南昌航空大学，学习机械设计与制造专业。在大学期间，我出色地完成了自己的学业，多次获得一等奖学金。由于在校的出色表现，毕业后直接分到了贵州航空公司，在贵航待了一年左右，工作算得上是得心应手，但是单调的工作让我感到索然无味，加上贵州离家又太远了，所以2012年我选择辞职，回到了离父母近一点的单位——江铜集团。在江铜工作期间，我经常回老家看望爸妈。每次回家，爸妈总会让我带一些自家产的土鸡蛋回去吃，说工作在外很难买到真正的土鸡蛋。有时吃不完，我就会送给朋友吃。时间一久，有些朋友就要求我有机会就帮他们买些土鸡、土鸡蛋啥的，并说只要是农村自己家的东西吃着放心，贵点都没关系。类似这样的事情越来越多，对于一直有个创业梦想的我来说，更加坚定了一个信念：将来创业的方向一定要与吃有关。

正是基于这种想法，经过准备，我和我的小伙伴们打造了江西省首家CSA可视化农业示范基地——社区农庄。

**记者：**您在大学学的专业是机械设计与制造，毕业后从事的是飞机零部件制造，现在您从事的是社区农庄。回想这些经历，您对现在的选择感到后悔吗？

**刘湖滨：**我可以明确地说，对于现在的创业我从不后悔。我喜欢从事富有挑战性的工作，虽然现在工作苦点、累点，但是几乎每天都可以学到新知识，有新的收获，我很享受这个过程。

**记者：**您从2013年6月开始创业，到现在刚好满了两年。在这两年的创业过程中,让您感受最深的是什么?

**刘湖滨:**对于我来说,最深的感受主要有以下三点:第一,敢闯敢试。就是不管你做什么,一定要有梦想、有目标,敢去做。你去做起码有一半的成功机会。如果你不去做,成功的机会就是零。最近这些年我到各地演讲,经常讲一句话:“清华、北大,不如胆子大”。这个胆子大,不是说让你去蛮干,是说你得有勇气去闯、去试验。第二,创新求变。你要成功、要想不断成功,或者还想获得更大的成功,就一定要求变、求新,不能走别人走过的路,不能做跟别人一样的事情。跟别人做一样的事情,获得的只能是平均利润;只有做跟别人不一样的事,才能获得超额利润。食品安全是民生大计,互联网农业是未来的发展趋势,这是我的判断。因此,我和我的同伴不仅积极投入到这个行业,而且成立了江西省首家 CSA 可视化农业示范基地。第三,坚持到底。创业,一开始可能新点子比较多,但是这些点子又可能不太成熟。因此,新的模式可能在试行当中会遇到困难,也可能会遇到挫折,达不到预期目标。这时候怎么办呢? 如果经过分析认为自己的选择是对的,就需要坚持。我经常讲一句话:过去讲“不到黄河心不死,不撞南墙不回头。”我认为,只要选择没有错,就是“到了黄河心也不能死”,可能搭“一座桥”就过去了;“撞了南墙也不能回头”,找个“梯子”也许就爬过去了。

**记者:**您的可视化生产,即客户可以在您的农庄网站和手机 APP 上,通过每天 24 小时不间断无死角监控视频直接观看土鸡养殖全过程,这听上去确实是一种很新颖的营销理念,也代表你们年轻一代敢想的新思维。请您具体谈谈是如何运作的。

**刘湖滨:**我的农庄走的是规模化养殖的模式,让鸡漫山遍野地跑,在鸡的运动天性得到充分满足中获取原生态的营养成分,除了鸡在山坡上自由采食获取一部分营养外,我给鸡补充的饲料都是自己地里种的蔬菜和到菜场收集的淘汰菜叶,从不让鸡吃人工配制的饲料。为了保证客户的知情权,我在农庄的鸡舍、散养林、供应区都装有摄像头,客户可通过监控视频直接看到农庄网站提供的养殖全过程监控画面。此外,客户扫一扫产品包装上的二维码,手机上就会显示产品的育苗

期、疫苗注射时间、生长过程等成长记录,让客户买得放心。

我农庄的产品实行“私人订制”。奉新县离南昌市大约50公里,每到周末,就有多个从南昌市来的客户团到我农庄采购、观光和体验,客户团少则几十人,多则上百人。为了满足客户需求,增加客户黏性,我的农庄利用现有场地和自然资源设立了一些供旅游观光者种养的区域。只要成为我们的会员,就可以在假日带着家人来我农庄免费进行体验式种植活动,对于会员种植的庄稼,如果会员没时间来管理,我们还可以免费代为管理,并且在可以收获时,我们还可以代为收获并送到会员手上。

农庄还有一个物流团队负责产品配送,奉新县的客户保证订购当日能收到货,网上下单的也能在两三天之内到货。我农庄设置的“套餐”会员卡很具私人订制的个性化,会员可办季度卡、年卡、“鸡+蛋”套餐等。

**记者:**随着互联网的飞速普及,电子商务如雨后春笋般竞相迸发。在电子商务的大潮中,可谓有人欢喜有人愁。请问,您尝试“互联网+”的模式,效果如何?对今后的营销模式创新又有什么规划?

**刘湖滨:**电子商务肯定是将来商品交易的主流,它的优点很多,但要把电子商务做好却并不容易。网上店铺如云,如何让消费者看到你的店铺呢?这是一项专业性很强的工作,不是随便什么人都能做得了的。所以,要成为电商赢家,首先要选好技术团队,要让专业的人做专业的事,专业团队不是简单招几个人就能解决的,店面装修、图片制作、关键词设置等都是非常专业的技术活。因此,对一般想做电商的人来说,最好的办法就是技术外包。其次,产品要有特色。特色应该主要突出种植环节肥药使用的无公害、绿色环保等,还有就是汇集各地的地方特产。第三,要诚信和服务周到,网络是一个开放的世界,所有信息都是公开的,所以想靠信息封锁来赢得消费者是不可能的。

目前,我农庄的运作模式:一是树立品牌。通过让用户参与生产过程,进而产生信任度来打造农产品品牌。二是体验式参观现场辨真伪。消费者可以随时到农庄来参观,农庄的板栗、枇杷、桑葚等果树遍地,防治害虫是采用绿色环保的杀虫灯。另外,农庄入驻居民小区,建设体验馆,免费赠送鸡蛋给消费者品尝。三是可视化种植、养殖,安全监督无死角。农庄建立了溯源模块,会员可以对农庄的蔬菜种植、动物养殖全过程进行无障碍监督,送到会员手上的产品都是可追溯的。会员通过网络可直接查到农庄向他们已配送哪些产品和尚未配送哪些产品的情况,让我们的服务在"阳光"下一目了然。到目前为止,农庄已有会员300多名,发展会员的收入100多万元。我们计划到2016年年初发展会员2000名。

CSA经营方式的主要特点是由传统的先生产后销售转变为先销售后生产,生产者通过"私人订制"让产品在还没有生产的情况下销路就了有保证;消费者通过"私人订制"躲掉了中间商,不仅可以享受到优惠的价格,还能监督农产品的种养全过程,让自己消费得更加明白。

目前,我农庄年出栏土鸡1万多羽,产蛋近70万枚,全年销售额300多万元。当然,就现阶段而言平台还太小,下一步我们准备再投资1000万元,实施三期扩展计划,用3~5年时间将农庄打造成特种养殖、名优种植、可视化农业、度假旅游、科普教育和农民工教育培训等为一体的生态科技农业综合基地,在全省建起一个CSA典范。

**记者:您对同龄人的创业观和生活观有什么建议?**

**刘湖滨:**不管哪行,其实最后登上成功顶部的都是少数。因此,在创业的过程中如果遭遇失败,千万不要气馁。有了梦想,就应该去努力;定了目标,就应该去奋斗。"心有多大舞台有多大",说的就是要敢于想象。作为年轻人,不怕前面有荆棘,就怕心底充满畏惧。对待创业如此,对待生活也应如此。这就是我对同龄人的建议。

# 4.2 从门外汉到电商总经理的成长之路

——访江西省吉安市红人居商贸有限公司总经理　黄玉红

**编者按**：记者第一眼看到红人居商贸有限公司总经理黄玉红的时候，有些出乎意料，很难将面前这位温柔、恬静的女子与拥有十几家电商企业的老总划上等号。想象中的电商成功人士应该是霸气十足、精明狡黠的，而她，只是沉静而恬然地站在记者面前，淡淡地笑。一落座，黄玉红就向记者表明了她的"双重身份"，她是江西省吉安市红人居商贸有限公司的总经理，又是"李涛疯狂淘宝培训"南昌分校的院长兼培训讲师。整整一下午，黄玉红总经理向记者娓娓而谈她的生活经历和创业故事。她在南方某服装厂当过八年的生产线工人，后来跟着丈夫回到老家当全职家庭主妇，走上电商这条路，用她自己的话说是"走投无路的选择"。如今，她的电商事业做的风生水起，更可贵的是，她致富思源，以感恩之心反哺家乡电商产业，把自己丰富的经验通过"淘宝培训"传授给更多的"卖家"。采访结束时，记者已经对这位走过艰辛创业之路的女子敬佩不已。现在我们就来分享黄玉红总经理的创业心得和电商实战经验。

**记者**：您是什么时候开始开网店的？都经营了哪些产品？

**黄玉红**：我开第一家淘宝店是在2008年10月，开始是做个性台历和挂历的，后来就做个性礼品，做了两年，生意还算挺好的，一个月最少能赚3000元，最多能赚8000多元，但是全靠我们夫妻俩制作、装订、打包、发货，每天工作到凌晨一两点，太累了，后来只好转型做农产品了。开始没有货源就直接在超市或者特产专卖店拿货寄给客户，利润很低，有时候甚至还要贴钱，慢慢做得有了量时，再去找供货商。当然，当我做到量更大的时候，就有一些供货商主动找到我，要给我供货，就是应了那句话："花若盛开，蝴蝶自来"。现在我有十六七个店铺，淘宝、天猫、当当、苏宁、亚马逊、京东等各大平台都有我们的店铺。

**记者：**如果我们的读者家乡也有丰富的土特产，想开网店。以您的经验，应该从何处着手？需要注意哪些方面？

**黄玉红：**我是先在淘宝上开店的，主要分享一下淘宝开店的经验。传统行业在前几年进入淘宝时机很好，现在想进入淘宝很难做得起来，投入的时间成本、人工成本和资金成本都大大提高了。越早进入越有优势，比如2013年之前进入淘宝，只要有好的产品、有价格优势、货源稳定、服务到位，做自己的品牌，还是很容易做好的。所谓"趋势大于能力"，错过了黄金期，再进入这个行业就比较困难。

农民在淘宝开店卖农产品，首先要做好产品定位。仔细考虑产品是否有优势，是否有市场空间，是否有价格优势等，从这些方面考虑定位。选择的产品如果利润太低或成本太高，做起来会非常的辛苦。比如我们店现在的茶油发货成本较高，发货风险也很大，会有破损情况发生，还有可能会污染其他货件，有时快递公司还不接货。但是，茶油又是我们店里非常受消费者欢迎的商品，尽管很难做，我们也在一直坚持。所以，新店主产品定位应该是选择利润比较高、不需要复杂的售后服务、消耗周期较短、能持续消费的产品。产品定好位后就是选择货源，货源是第一位。要有稳定的货源，产品品质要有保证，这是根本。其次就是服务，包括售前服务和售后服务，这些环节都做到位，那店铺就有了卖点。

电商的变化非常快，我们要不断的学习如何经营电商，如果不学习或者学的速度慢，很快就会落伍，发展就会遇到瓶颈。我接触过很多中小卖家和传统行业转型的，中小卖家做着做着就找不到方向了，甚至找不到出口，卡到那里，因为没

有流量,竞争太厉害了,有时好的产品也推不出去。我的网店在五个钻之前没有做任何推广,生意非常好,现在形势不同了,投入的成本很大,但推广的效果很不明显。电商运行的成本也在不断地增加,比如图片空间、旺铺、推广软件、线上课程、天猫高清课程等这些以前都是免费使用的,现在全部收费,再加上人工成本不断提高,竞争越来越激烈,所以一定要快速更新,思维不能停留在以前。

**记者:**您提到的要不断加强学习的问题,请问具体要学习哪些内容?怎样选择电商培训课程?

**黄玉红:**“学习是最便宜的投资。“互联网+的时代”,学习得慢点都有可能会被淘汰。学习要系统化,要根据实际情况选择。新员工,就应该从基础学习,学了还要实践。淘宝、天猫等电商平台都有它的运营规则,如果我们不去学习它的规则或是没有及时更新规则,那就会出现它的规则变化了,我们还停留在老规则里的现象,就会触碰它的“高压线”。此外,还要不断地了解各平台的具体活动规则,各平台的具体营销活动都是按照一定规则进行的,如果你不了解,就无法参与。比如有些卖家,产品价格很有优势,服务理念也不错,就是很多官方活动都没有他的身影,原因就是规则没看明白,当然无法参与活动了。

我现在是“李涛疯狂淘宝电商培训”南昌分校的院长兼培训讲师,在任职之前,我是淘宝特色中国江西馆入驻的重点卖家,也是主要扶持的商家,江西馆推荐我去做讲师,后来我被选中成为江西分校代理。成为分校代理要做到三件事:第一,每年要向贫困山区捐赠衣物;第二,自己赚了钱要捐出10%做公益慈善事业,资助更多的人;第三,自己学习提升后,要到讲台上把成功经验免费分享给更多的中小卖家。这三件事打动了我。我在做这份事业的过程中,不但自己能够不断成长,还能够帮助更多的中小卖家,并且能把我们本地的电子产业扶持起来,一举多得。

**记者:**想要完全了解电商运营的规则还真是一个大工程,我们难得采访到您这样有实战经验的专家,您能不能给我们的读者讲一讲电商运营方面的实战经验?

**黄玉红:**这方面要讲的东西实在是太多了,而且很零碎,这里我想到什么就谈点什么。

运营方面，电商店铺不能通过低价产品或者虚拟产品提升店铺的信誉。拿淘宝网来说，淘宝网一直秉承着公平、透明的原则，所以那些想通过低价产品或者虚拟产品提升店铺信誉的行为会如同搬起石头砸自己的脚，得不偿失。因为如果所卖实物类目与主营商品不符，淘宝则会认为你的店铺是“挂羊头卖狗肉”，同时宝贝因此会被降权；如果所卖产品为低价产品，淘宝则会认为你是“虚假交易”进行违规处理；同时卖家们需要注意的是淘宝搜索逻辑人气模型是横向对比店铺数据，也就是说一钻卖家对比一钻卖家。所以，如果信用高但是宝贝销售实际人气度又跟不上，就反而是给自己的成长树立了更多对手。

新开店铺，不能盲目引流。目前有很大一部分的新店卖家，在店铺基础页面都没有完善的情况，就开始在 QQ 群、论坛、微博等到处发帖子、发广告，最后导致流量进来却没几个能真正成交，几乎是无转化的流量。由于流量本身不优质、转化率过低，此时淘宝会认为你的宝贝综合指数很差，于是该宝贝的搜索排名会非常的靠后，而且后期的优化提成更是难上加难。这种流量越持续，淘宝搜索排名就会越低，逐渐导致全店各项核心指标不断降低。

在店铺铺货方面，卖家不能重复铺货。标题、图片、重要属性、描述等存在较高相似度的商品，只允许使用一种出售方式，发布一次。违反以上规则，即可判定为重复发布，并将受到淘宝的相关处罚。对于不同的商品，必须在商品的标题、描述、图片等方面体现商品的不同，否则将被判定为重复铺货。

另外，还有重复开店的问题，重复开店是指同一卖家通过同时经营多家具有相同商品的店铺，达到重复铺货的目的。这时，淘宝核查到后，将会对此种开店行为和方式判定为“重复铺货式开店”。这种行为，严重干扰卖家正常经营秩序，并影响买家的购物体验，属于违规行为。淘宝卖家一旦被认定为重复铺货式开店的，淘宝将对主店做出扣 A 类 6 分、副店永久关闭并限制创建店铺的处罚。

**记者:**电商是一个充满朝气和活力的行业,大多从业者都是年轻人,但是员工的流动性也很大,请问您在公司管理上有什么心得?

**黄玉红:**我先说说我自己。我是1996年毕业到深圳打了8年的工,在外地打工,给我最强烈的感受就是没有归宿感,当时我的工资也不低,打工也很辛苦,赚了钱要么就补贴家里,要么就花掉了,打工回来还是身无分文。我回头反省自己,觉得浪费了8年时间,浪费了青春,技术也没有学好,一事无成,苦倒是吃了不少。

我们的员工大部分都是90后,刚刚从学校毕业的大学生。这份工作对他们来说可能是第一份工作,对他们的影响是很重要的。我希望在这份工作中员工不仅仅是拿到工资,同时他们还有成长的空间,能够收到工资以外的"财富"。在我这里工作,工资可能不是最高的,但是我希望员工从我这里走出去,在新单位拿的是较高的工资。

一般的企业,都喜欢招聘有工作经验的人,生手一般不愿意用。因为需要从头培养,要花时间成本和培训成本。我为什么愿意招聘新手呢?因为我自己当初就是从零开始的。我的员工都是从零开始培养,很长一段时间公司不会安排什么具体工作,主要以学习为主。我购买了系统的学习课件,供员工学习,同时会不定期派优秀员工到外地学习深造。只要员工有积极性、能够吃苦,没有什么是学不会的。我公司的运营员工大部分都是从客服岗位上提起来的。

我们的企业文化是:"先做人再做事。先有敬业精神再有人才。"员工要有敬业精神,一个企业的核心竞争力就是人,是员工的主观能动性,将企业的事当自家的事做,我们把员工培养出来了,员工自然会分担企业发展的责任,那么管理者也轻松了。

# 4.3 先益农水溶肥　肥料界的生力军

——访江西先益农生物科技有限公司总经理　周贵龙

**编者按**:记者在采访江西省南昌市新建区畅风农业合作社理事长、江西省劳模闵风根时,从他那里了解到,他们的葡萄园之所以产量高、质量好,除了精细的管理之外,还离不开他们选择使用的一种新型肥料——先益农水溶性肥料。此种肥料的应用,实现了节约肥料 30%、节约用水 60%、作物产量提高 30% 以上的目的。那么,水溶性肥料究竟有什么特点?其与众不同的优势又是什么呢?前不久,记者带着这份好奇,驱车前往先益农水溶性肥料的生产地——江西省南城县,对江西先益农生物科技有限公司总经理周贵龙先生进行了一次专访。

**记者**:早就耳闻贵公司生产的先益农水溶性肥料已成为我国水溶性肥料的知名品牌,请周总介绍一下贵公司的发展状况及企业宗旨。

**周贵龙**:江西先益农生物科技有限公司是广州市先益农农业科技有限公司的子公司。广州市先益农农业科技有限公司是专门从事水溶性肥料研究、开发、生产、销售和技术服务的高科技企业,原为广东省农科集团农化中心肥料部,成立于 1998 年 3 月,在国外优秀产品的基础上,结合我国的土地现状、作物特点,逐步提升、开发,创立了我们自己的一个品牌。通过十几年的努力,如今,先益农自主品牌市场不断稳定、扩大。在产品上,我们是追求高质量、多样化,坚持生产全营养、无激素产品。

2013 年 8 月,广州市先益农农业科技有限公司在江西省南城县全资投建江西先益农生物科技有限公司。这一水溶性肥料研究和现代化生产基地共投资 1.5 亿元,占地面积 45 亩,年产 4 万吨水溶性肥料,其中 2 万吨为固体水溶肥,2 万吨为液体水溶肥。2014 年 6 月,正式投入生产。江西先益农生物科技有限公司的生产设备,在水溶性肥料行业内现代化程度是非常高的;产品在全国也是定位在高端层次,能与少数几个知名品牌相媲美。

公司一直坚持扎扎实实做技术服务、推广、指导,始终坚守"质量树立品牌,技术引导农民,真诚服务天下,提升中国农业"的经营理念,致力于为农业生产提供技术含量高、优质、安全的水溶性肥料产品,为分销商和零售商提供树立品牌的平台,向农民传播科学施肥的知识和技术。

**记者:**水溶性肥料被誉为肥料"新宠儿",但目前还有很多农民朋友不了解水溶性肥料的特点,更不知道如何施用,甚至一些农资零售商也不甚了解。您能介绍一下水溶性肥料有哪些优点吗?

**周贵龙:**水溶性肥料作为一种与节水灌溉农业、立体高效栽培、高产优质栽培技术相配套的一类新型肥料,具有针对性强、便于管理、肥料利用率高、节能环保、节水、省肥、省工、增产的特点,是未来肥料发展的重要方向之一。

由于水溶性肥料选材精、速溶好、全营养(如 N、P、K、Ca、Mg、S 以及微量元素等)。因此,人们可以根据作物生长所需要的营养需求和作物的生长特点设计配方和方案。水溶性肥料属速效肥料,能快速溶于水,更易被作物吸收,便于种植者根据不同作物、不同生长期、不同长势随时对肥料配方作出调整,实现科学施肥。当前我国常规肥料利用率在 20% ~30%,而水溶性肥料利用率可以达到 70% ~80%。

**记者:**水溶性肥料的发展前景如何?农户选择时要注意什么?

**周贵龙：**作为一个快速成长的新型化肥品种，水溶性肥料受益于水肥一体化技术的推广，未来成长空间十分广阔。有关专家表示，全国9亿亩灌溉面积中约有4.8亿亩耕地适合推广水肥一体化技术，但目前水肥一体化技术的应用比例仅3.2%。近几年，随着国家对节水农业扶持力度加大，水溶性肥料行业发展迅猛。

虽然现在国内水溶性肥料产品数量很多，但有很多是山寨厂家生产的，质量得不到保障，多数山寨厂家都用没有多少技术含量的简单物理方法混配生产，几个工人用铁锹将含有氮、磷、钾养分的原料按照相应的配方直接混配出来。山寨水溶性肥料产品存在许多问题，首先是产品外观不好，各种原料的形状和粒度、色泽等参差不齐；其次是达不到全水溶的标准要求，与滴灌系统配合使用时，容易造成堵塞管道等现象；三是极易结块，给使用者带来困难。水溶性肥料新的国家标准已于2013年6月1日起开始实施。新标准最大的不同点在于将固液水溶肥的水不溶物比例由农业行业标准的5%降到0.5%，同时对产品包装标识进一步细化，要求标明不同形态的养分含量、来源，强调微量养分为螯合态时，应标明螯合剂名称和螯合分数等。农民朋友在选择水溶性肥料时应选择有一定品牌知名度的产品，认清标识，以免耽误生产。

**记者：**您能举一些例子谈谈先益农水溶性肥料在作物上的效果吗？

**周贵龙：**我先谈谈科学施用先益农水溶性肥料在水稻上取得的效果吧。水稻是我国主要的粮食作物之一，水稻的高产稳产更是我国粮食安全战略的重要组成部分。目前我国配方施肥协作网在我国已实施多年，对指导农民科学施肥、合理利用肥料资源、增加粮食作物产量方面发挥了重要作用。然而配方施肥多仅注重氮磷钾肥料的合理施用，而忽略了中微量元素肥料的平衡供应，所以对作物产量的提高是有限的。在目前我国土壤中微量元素严重缺乏的情况下，离开中微量元素的配置来谈配方施肥是片面的，也是不科学的。而叶面施肥（水溶性肥料）是中微量元素补充的最佳方法。

叶面施肥不仅能满足水稻对中微量元素的需求，还能及时补充水稻需肥高峰期对大量元素的需求，对提高水稻抗病能力、防止早衰、增加产量、改善品质方面

的贡献都是十分巨大的。我公司通过大量的田间试验表明,在不改变农民施肥习惯的前提下,科学合理地喷施先益农叶面肥,能使水稻产量增加100公斤/亩以上。

再谈一个果树方面示范的效果吧。2012年6月,在江西省寻乌县一果园,示范前果园状况是树势弱,叶片发黄,未见新梢萌发,表现为严重的营养不良,特别是有机质和中微量元素缺乏严重,有效根系受损,甚至坏死,吸收养分的功能减弱,果少,果弱,色泽暗淡发黄,果易掉落。6月12日,第一次施用先益农"上善"系列合理配制的水溶性肥料,一个月后,整个果园有了起色,黄化势头被止住,叶色逐渐转绿,有新梢发芽。7月16日,第二次施用配制好的先益农水溶性肥料,两个月后,整个果园脱胎换骨,叶色浓绿厚实,油亮有光泽,新梢多而健壮,果实大而靓丽。

**记者:**水溶性肥料作为一种新型肥料,正逐步被一些农户所认识和接受。然而,记者在下乡采访中却发现,不少农户施用水溶性肥料的方法不对头,结果花钱买了肥料,却没收到应有的效果。请您谈谈如何正确施用水溶肥。

**周贵龙:**水溶性肥料总养分含量高,且含有多种中微量元素,与一般复合肥相比较,具有营养全面、全溶于水、吸收利用率高的特点,多应用于浇施、冲施、喷灌、滴灌等设施农业。结合水溶性肥料的这些特点,如果一次施用过多、浓度过高会出现烧根、烧苗的现象。广大农户在施用上,应该掌握作物的生长特点和关键的生长节点。根据作物的需肥特性和产量,遵循少量多次的施肥原则,减少浪费,提高肥料利用率,提高农业效益。

**记者:**据了解,贵公司的技术指导队伍很健全,产品使用后的效果反馈也很好。请问贵公司在水溶性肥料推广方面是怎么做的?

**周贵龙:**自先益农生物科技有限公司成立以来,公司一直坚持做国内外最好的水溶性肥料,并培育了一大批优秀的农技服务队伍。公司最早设立的经销网点是从省级代理开始,后来渐渐下沉,做到市级代理、县级代理。随着农村大量土地的流转,农业基地不断增多,经销网点遍及全国各个农业基地,这样一来,不但减少了农业生产成本,而且也可以更好地为农户提供技术服务。现在很多网点,特别是零售商这一块,为了追求短期的经济利益,过于急功近利,不管什么产品,都去推销,农业指导又做不到位。先益农正是认识到这一点,把服务做到基地,开展多层次培训,大多时间业务人员是一个摄像机、一台投影仪、一部电脑、一支土壤测量仪,直接深入基地,深入到田间地头,了解农户使用情况,对每个产品,根据地域、温度、气候做对照试验,并将收集到的信息及时进行反馈,以更好地服务于我们的用户。只要农户需要,我们就会免费为农户做测土配方工作,无偿地有针对性地进行技术指导。

正是由于对技术创新、产品质量精益求精的追求以及优质的技术指导,先益农生物科技有限公司生产的高科技含量的水溶性肥料产品——"先益""忠诚""上善"系列水溶性肥料受到广大农民喜爱,现已成为我国水溶肥料的知名品牌。

纵观水溶性肥料市场,生产厂家多,品牌杂乱,效果良莠不齐,真正能在市场上站稳脚跟、让老百姓接受的产品不多。水溶性肥料要想在农资市场站稳脚跟,首先要保证产品质量过硬、技术含量高,打造真正的好产品,在农民心中树立威信,通过试验示范,筛选出优质、高效的产品,及时向农民宣传推广。

肥料企业想要有所发展的话,最重要的就是要生产出质量优异的产品,让用户通过使用产品得到好的效果。我们就靠着这一点——用户使用肥料后良好的反馈效果,让我们的产品在市场中受到青睐,我们的企业也借此不断发展壮大。

**记者:**怎样才能成为先益农水溶性肥料的经销商?

**周贵龙:**第一,要有诚信度;第二,在当地有一定的影响力;第三,与公司理念一致,能够在基层做好扎扎实实的技术推广服务工作。